감13 알루미늄
GARM ISSUE 13 ALUMINUM

초판 1쇄 인쇄 2020년 4월 3일
초판 2쇄 발행 2021년 11월 4일

발행인	윤재선
편집장	심영규
에디터	정신오, 정경화
디자인	스튜디오 베이스
사진	나르실리온
교정·교열	하명란
발행처	에잇애플(주)
출판등록	2017. 4. 14.(제2017-000078호)
주소	06032 서울특별시 강남구 도산대로25길 36 3층
전화	02-537-1536
팩스	02-537-1532
전자우편	info@8apple.kr
홈페이지	garmmagazine.com
SNS	garm_magazine
	garmssi
ISBN	979-11-89485-10-8
	979-11-89485-09-2(세트)

· 파본이나 잘못된 책은 구입처에서 바꾸어 드립니다.
· 이 책은 저작권법에 따라 보호받는 저작물이므로 무단전재와 무단복제를 금지하며, 이 책 내용의 일부 또는 전부를 이용하려면 반드시 사전에 저작권자와 출판권자의 서면 동의를 받아야 합니다.
· 책값은 뒤표지에 있습니다.

Printed in Seoul, South Korea
All rights reserved. No part of this publication may be reproduced, stored in a retrieval system, or transmitted in any form or by any means, electronic, mechanical, photocopying, recording, or otherwise, without prior consent of the publisher.

8APPLE

감씨는 에잇애플에서 발행하는 건축재료 단행본 시리즈의 브랜드입니다.

GARM

감 매거진
열세 번째 재료
알루미늄

ALUMINUM

garmSSI

PROLOGUE
건축의 무게

건물의 무게는 얼마나 될까? 지하층이 있는 콘크리트 구조로 설계된 중소 규모 건물은 단위면적(1m²)당 약 1.8t 정도. 지하로 더 들어가거나 고층일 경우 철근과 콘크리트 양은 더 늘어난다. 고층의 대형 건물은 단위면적(1m²)당 약 2t 이상으로 추정된다. 용산에 있는 아모레퍼시픽그룹 사옥은 지하 7층에 지상 22층, 연면적 188,902 m² (약 57,143평) 규모다. 철골조와 철근콘크리트 복합구조에 노출콘크리트로 마감한 이 건물의 무게는 40만t 이상으로 추정된다. 이는 서울시 인구 약 54만 명의 몸무게다(75kg 성인 남자 기준). 상당하다.

건설 기술의 발전은 재료의 무게를 감당하는 과정이기도 하다. 거푸집은 중력을 거스르듯 자유로운 콘크리트 형태를 가능하게 하고, 크레인은 무거운 자재를 높은 곳까지 세워 올린다. 재료와 재료를 잇는 결구 방식과 못, 피스 그리고 앵커 같은 연결 철물, 하드웨어도 그 무게를 감당하는 방법으로 개발되고 발전한다.

건물의 무게가 가벼워지면 건축 외의 다른 많은 분야에도 이롭다. 우선 무게를 지탱하는 구조재의 양이 줄어든다. 그렇게 되면 자원을 절약하고 탄소 배출을 줄일 수 있다. 또 운반과 시공이 용이해지면서, 인건비가 감소하고 공기가 단축된다. 가공성이 높아지고 공장 제작과 현장 조립이 수월해져 시공 품질 또한 상승한다. 산업재해가 줄어들고 이는 곧 사회적 비용의 절약으로 이어진다.

한정된 자원의 질량 안에서 공학적으로 안정되고 외부 요소에 강하며, 기능적으로 더 넓은 범위를 점유하려는 노력은 지금까지 다양하게 이루어져 왔다. 이런 목적을 포용하며 혁신을 거듭해온 인간의 역사는 그 시대를 넘어서는 소재와 관련 기술의 발전으로 진보해왔다.

용도에 맞는 소재의 필요성은 중력, 열, 습도 등 자연의 제한된 상황에서 극명히 드러난다. 단편적으로 우주산업이 그러하다. 우주선은 중력을 벗어나 혹독한 환경을 견뎌야 한다. 이를 위해 무게를 줄여 연료의 효율을 높이고, 첨단 코팅 기술로 마찰과 열에 강한 내구성과 표면 강도를 갖춘다.

'경량화'란 단순히 무게의 이야기가 아니다. 과함도 부족함도 없이 재료를 절제하여 쓰는 기술은 미래를 이끌어갈 또 하나의 지식이다. 한정된 자원으로 더 넓고 높은, 그리고 더 아름답고 기능적인 공간을 만들기 위한 가능성의 탐구다. 고갈되는 자원을 절약함으로써 지속가능성을 이루고, 자연 물질에 새로운 기능을 부여하여 물성의 한계를 뛰어넘는다. 결국 건축의 무게는 미래의 삶을 가늠하는 척도가 될 것이다.

소재 연구가 열악한 이곳에서 다른 시각으로 공간을 바라보는 이들의 관심을 통해 건축의 다이어트를 시도해본다.

—
2020년 4월
발행인 윤재선

EDITORIAL LETTER

모든 것이 가능해 위험한 소재
알루미늄

알루미늄은 지표를 구성하는 5대 원소로, 지각 전체 질량의 8.1%를 차지한다. 산소와 규소 다음으로 흔한 광물이지만, 1866년 전기분해 제조법이 발명된 이후에 공업적으로 사용되기 시작하며 비교적 최근에 산업화된 금속재료다.

경량화된 현대건축 시대를 열다
알루미늄은 가벼우면서도 기계적 강도가 우수해 매력이 많은 재료로 현대의 경금속 시대를 활짝 연 주역이다. 건축가 미스 반 데어 로에는 "알루미늄의 위험성은 이것을 가지면 원하는 대로 모든 것을 할 수 있고, 그 한계가 없다는 것"이라 말했다. 그의 말대로 현대건축에서 빠질 수 없는 재료다.

밀도는 2.7g/cm³로 철(7.8g/cm³)의 3분의 1 수준이지만, 강도는 탄소강과 비슷하다. 효용성과 경량성을 갖춘 알루미늄 커튼월은 도심에 고층 건물이 늘어남에 따라 외피를 이루는 재료로 인기를 한 몸에 받고 있다. 규격화된 조립 방식을 사용해 시공이 간편하고 경제적이라는 장점 덕분이다.

자유로운 곡면을 만들다
알루미늄은 다른 금속에 비해 상대적으로 부드럽고 녹는점이 낮다. 길게 늘어나는 연성, 얇게 펴지는 전성이 우수해 얇은 박이나 가는 선 등 다양한 형태로 성형하기가 쉽다. 주조, 단조를 비롯해 재단, 타공 등 금속을 가공하는 대부분의 방식을 적용할 수 있다. 0.007mm 두께까지 압연이 가능해 은박지처럼 얇은 박을 만들 수 있고, 특히 철보다 뛰어난 연성으로 압출 성형에 최적의 물성을 갖췄다. 덕분에 기존의 금속재료로는 구현하기 어려운 곡면 가공이나 기하학적인 형태를 자유롭게 표현하며 최신의 건축 외장재로 주목받는다.

아름다운 빛을 발하다
금속을 건축자재, 특히 외장재로 사용하기 어려운 이유는 대부분 부식 때문이다. 알루미늄은 대기 중에서 산소와 만나 산화피막을 만들어내 부식되지 않는 내식성이 뛰어나다. 실제로 우리가 알고 있는 독특한 은백색 광택은 바로 산화피막의 모습이다. 또한 전기화학적 방법으로 표면을 강화하는 아노다이징이 가능해 고유한 특성을 잃지 않으면서 다채로운 색상으로 건축 외관의 심미성을 높인다.

끝으로 친환경적이다. 알루미늄은 제조과정에서 소모되는 에너지의 5~10%만 있으면 재활용이 가능하고, 자재의 품질에도 큰 차이가 없다. 유럽이나 미국에서는 공업용으로 생산되는 대부분을 재활용한다.

알루미늄은 이렇게 건축 설비와 외장재, 하드웨어 등 다양한 역할을 넘나들며 변신한다. 첨단 건축소재로 더 많이 사용될 미래를 기대한다.

—
편집장 심영규

알루미늄 원료를 주조해 만든 원기둥 모양의 빌렛은 봉재와 관재를 제작하는 데 사용된다.

슬래브를 면삭, 압연하여 만든 코일은 건축용 외장재, 음료수 캔, 자동차 등 다양한 분야에 쓰인다.

성형을 마친 알루미늄 코일은 후가공 공정을 거치며
판재나 패널재, 봉재, 관재 등 건축에 필요한 형태로 가공된다.

알루미늄 판재는 벤딩, 절곡과 같은 방법으로 가공해
원하는 형태를 만들고, 필요에 따라 표면처리를 더해
색을 입히거나 패턴을 넣기도 한다.

스페인 바르셀로나에 위치한 아그바 타워 Torre Agbar (2004).
파란색과 붉은색 계열의 알루미늄 패널로 마감한 뒤 유리 루버를 덮었다.

GARM Magazine   13 Aluminum   CONTENTS

16   1. STORY OF ALUMINUM

18 History of Aluminum 은보다 귀한 금속이 일상의 재료로
24 Characteristics of Aluminum 다재다능한 금속을 완성하는 여섯 가지 특징
28 Sorts & Process of Aluminum 알루미늄의 종류와 가공법
34 Reportage 든든한 바탕을 만들다: 노벨리스코리아 지준근 전무

40   2. APPLICATION OF ALUMINUM

2.1 Aluminum in Exterior Space 실외 공간의 알루미늄

44 Aluminum Skin in Architecture 건물의 피부가 되는 외장재
48 Interview 미려함과 시공성까지 잡는 알루미늄 패널: 유하우스 정승이 대표
54 Interview 점과 선, 곡면이 되어 건물에 표정을 더하다: 와이즈건축 전숙희 건축가
64 Interview 거대한 건물을 가르고 빛을 들이다: 해안종합건축사사무소 차지웅 수석

2.2 Aluminum in Connection Space 경계 공간의 알루미늄

74 Aluminum Curtain Wall 가볍고 투명한 건축을 이루는 중간재
78 Interview 알루미늄 커튼월, 그다음을 생각하다: 알루이엔씨 박정혁 전무

2.3 Aluminum in Interior Space 실내 공간의 알루미늄

82 Aluminum Material inside the Space 가벼움으로 공간에 다양성을 더하는 내장재
86 Reportage 튼튼하고 아름다운 천장을 짓다: ㈜유창 허인 상무
92 Interview 접고 펴고 들고 다니는 가구: 동아알루미늄 라제건 대표

96   3. TREATMENT OF ALUMINUM

3.1 Manufacture of Aluminum   각양각색 가공법

100   Bending & Cutting of Aluminum 색종이처럼 접고 자르는 가공
104   Interview 알루미늄에 빛나는 꽃잎을 수놓다: stpmj 이승택, 임미정 건축가
110   Interview 얇은 알루미늄 막을 덮은 도시 파빌리온: 건축사사무소 에스오에이 이치훈 건축가

3.2 Surface of Aluminum   다채로운 표면마감

116   Finish of Aluminum 표면을 바꾸는 일곱 가지 방법
122   Reportage 금속 가구에 따뜻한 질감을 입히다: 영광금속 김병훈 대표

3.3 Atypical Architecture with Aluminum   유연한 비정형

130   Interview 자유로운 형태를 구현하다: 위드웍스 김성진 대표
136   Interview 예술과 기술을 혼연한 3차원 주조: 삶것건축사사무소 양수인 건축가
        현대아트 박태규 사장

144   4. SUPPLEMENT

146   더 가까이에서 만나는 알루미늄
150   알루미늄 가공업체 정보

1

STORY OF ALUMINUM

1.1 **History of Aluminum**
1.2 **Characteristics of Aluminum**
1.3 **Sorts & Process of Aluminum**
1.4 **Reportage**

History of Aluminum

은보다 귀한 금속이 일상의 재료로

음료수 캔과 포장재부터 난간, 창틀, 그리고 커튼월까지. 우리는 일상에서 수많은 형태의 알루미늄을 사용한다. 그러나 160여 년 전만 해도 이 금속은 값비싼 사치품이었다. 은보다 귀하게 여겨지던 금속이 일상의 재료가 되기까지, 그 변화무쌍했던 시간을 좇아가 본다.

글 정경화

지구상에 가장 많이 존재하는 금속

1809년 영국의 과학자인 험프리 데이비Humphrey Davy는 봉숭아물을 들일 때 사용하는 명반alum에서 산화물 형태로 존재하던 금속을 분리할 수 있음을 발견하고 알루미늄이라는 이름을 붙인다. 은백색의 가볍고 부드러운 금속, 알루미늄은 지구를 이루는 8대 원소 중 하나로 지각 무게의 약 8.3%를 차지한다. 산소와 규소 다음으로 지구상에 많고, 금속 중에서는 가장 많다. 이렇게 흔한 금속이지만 공업적으로 생산되기 시작한 것은 160여 년 전으로, 구리나 철에 비해 매우 늦다. 그 이유는 높은 반응성 때문이다. 알루미늄은 대부분 산화물 상태로 암석에 포함되어 있거나 모래, 흙의 형태로 존재한다. 금속으로 이용하기 위해서는 산소를 제거해 환원시켜야 하는데 이 과정이 매우 어렵다. 철은 철광석에 코크스를 더하고 용광로에서 녹이는 방법으로 비교적 쉽게 분리하지만, 산화알루미늄은 녹이기 어렵고 높은 온도에서도 잘 환원되지 않는다. 반응성 서열[1]이 높아 알루미늄을 환원시킬 수 있는 물질이 거의 없는 데다가 가격이 비싸 함부로 이용할 수 없었다. 이처럼 원석에서 순수한 알루미늄을 얻기란 매우 어려운 일이었다.

흙에서 은을 만들다

1825년 덴마크의 화학자인 한스 크리스티안 외르스테드Hans Christian Oersted는 염화알루미늄을 칼륨과 반응시키는 방법으로 알루미늄을 분리하는 데 성공한다. 비록 순도는 낮았지만 금속 형태로는 최초이다. 이후 1827년 독일의 화학자인 프리드리히 뵐러Friedrich Wohler가 이 방법을 발전시켜 분말 상태의 알루미늄을 만든다.

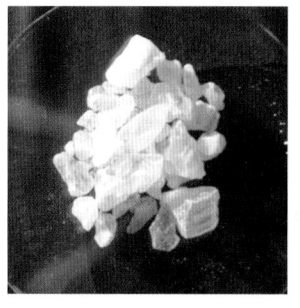 

△ 산화물 형태의 알루미늄을 포함하고 있는 명반.
△▷ 알루미늄의 공업화를 이끈 프랑스의 화학자 앙리 생 클레르 드빌.

기술적으로 제조하기 시작한 것은 그로부터 20여 년이 흐른 1854년, 프랑스의 화학자인 앙리 생 클레르 드빌Henri Sainte-Claire Deville이 나트륨을 이용한 공정을 개발하면서부터다. 그는 1854년 파리 과학학술원에서의 강연에서 알루미늄을 '찰흙에서 나온 은'이라 지칭하며 다음과 같이 묘사한다. "하얀색이며 은처럼 바래지 않고 공기 중에서도 검게 변하지 않는 금속. 잘 녹는 동시에 망치로 때려서 늘이거나 성형할 수 있는 금속. 유리보다 가벼우면서 강도는 더 높은 금속." 이 발표 이후 알루미늄은 뜨거운 관심을 받는다. 특히 프랑스 황제였던 나폴레옹 3세는 이 물질을 어느 귀금속보다 선호하여 단추와 왕관에 사용했다. 또 자신과 신분이 높은 사람들은 알루미늄 식기를, 그 외에는 은 식기를 사용하도록 했다. 지금은 일상적으로 쓰이지만 당시에는 드빌의 제조법에 쓰이는 나트륨이 매우 고가였기 때문에 은보다 비쌌고, 대중이 이용하는 일은 드물었다.

귀한 몸인 알루미늄은 1866년 프랑스의 발명가 폴 에루Paul Lois Toussant Heroult와 미국의 화학자 찰스 마틴 홀Charles Martin Hall이 대량생산이 가능한 전기분해 제조법을 발명하면서 대중적인 금속이 된다. 그들은 빙정석을 이용해 산화알루미늄을 더 낮은 온도에서 녹이고, 이를 전기분해하여 알루미늄을 분리했다. 이 방법이 개발되면서 생산 비용이 크게 낮아졌고, 지금까지도 알루미늄을 생산하는 기본 기술로 이용된다. 전 세계에서 매년 약 5,000만t의 알루미늄이 이 방법으로 생산되고 단추, 음료수 캔부터 건축자재, 자동차와 선박, 항공기에까지 광범위한 분야에 쓰인다. 실험실에서만 연구되던 알루미늄은 이제 철강 다음으로 중요한 금속이 되었다.

국내에서는 1950년대 말에 알루미늄 산업이 시작되어 가정용 제품, 건축, 수송, 포장 산업에 순차적으로 쓰였다. 그러나 생산과정에서 막대한 전력을 소비하는 탓에 국내의 제련 공장은 1960년대 후반, 울산을 마지막으로 모두 문을 닫았다. 그럼에도 사용량은 전 세계 6위로 상위권이다. 자동차 부품과 차체, 창틀용 압출재와 건설용 판재 등 자동차, 건축 산업이 알루미늄을 사용하는 주요 시장이다.

건축재료로서의 시작

건축자재로 쓰기에 너무 비쌌던 알루미늄은 1880년대 말이 되어서야 건축 분야에 등장한다. 1902년, 오스트리아의 건축가 오토 바그너 Otto Wagner는 비엔나의 신문사인 디 차이트 사옥의 입구를 알루미늄으로 마감한다. 그는 당시 많이 쓰이지 않던 알루미늄으로 강판을 도금하고 유리와 함께 입면을 마감해 현대적이고 기하학적인 아름다움을 표현했다. 1906년 완공한 비엔나의 오스트리아 우체국 저축은행에서는 문 손잡이, 조명, 환기를 위한 기둥 등 장식과 설비에 알루미늄을 적용해 실내 공간의 통일감을 높였다.

1930년대의 건축가들은 넓은 공간을 더 가볍고 더 빠르게 완성하기 위해 이 금속을 사용했다. 독일의 건축가 발터 그로피우스 Walter Gropius는 조립식 주택의 내벽을 얇은 알루미늄 판재로 제작해 공간의 가용 면적을 넓혔고, 금속을 가구와 건축에 적극적으로 접목했던 프랑스의 디자이너 장 프루베 Jean Prouve는 공장에서 생산하는 모듈러 건축의 재료로 사용해 이동성을 높였다. 특유의 광택으로 미래와 진보를 상징하는 알루미늄은 당대 건축가들이 제안했던 미래 주거 공간의 단골 재료이기도 했다. 1930년 미국의 발명가이자 건축가였던 벅민스터 풀러 Richard Buckminster Fuller는 공장에서 대량생산하고 현장에서 조립해서 쓰는 사전조립 주택인 다이맥시온 하우스 Dymaxion House를 설계한다. 비행접시를 닮은 이 집은 알루미늄과 강철을 재료로 하여 무게를 줄이고 공간을 절약했다. 건축가 로렌스 쾨허 Lawrence Kocher와 앨버트

△△ 건축가 오토 바그너가 설계한 디 차이트 사옥의 입면.
△ 다이맥시온 하우스는 알루미늄과 강철을 재료로 하여 무게를 줄이고 공간을 절약했다.

1978년 독일 드레스덴에 지어진 센트룸 백화점은 알루미늄으로 마감한 3차원 벌집 모양 큐브로 빼곡히 채워져 '은색 주사위'라는 별명으로 불렸다.

프레이Albert Frey가 설계한 알루미네어 하우스(1931)도 대표 사례 중 하나다. 뉴욕건축박람회를 위해 지어진 이 주택은 3층 규모의 강철-알루미늄 프레임 구조체를 얇은 알루미늄 판이 둘러싼 모습으로 가볍고 현대적인 아름다움을 드러낸다. 그러나 당시 대부분의 사람들은 얇고 가벼운 금속보다는 목재나 콘크리트로 지은 집을 더 튼튼하다고 느꼈다. 이들의 미래 주택은 잠깐의 실험으로 그쳤고 알루미늄은 창틀, 배수관, 홈통 등 기존에 금속이 쓰이던 부분을 대체하는 정도로 제한되게 쓰였다.

현대 도시의 파사드 재료

건축 분야에서 본격적으로 사용한 것은 1950년대 유선형 디자인이 등장하면서부터다. 마그네슘과 규소를 결합한 새로운 합금이 등장하고 양극산화(아노다이징)[2] 기술이 개발되면서 소재 자체도 발전을 이뤘고, 부드럽고 유기적인 디자인과 알루미늄의 독보적인 성형성이 만나 빛을 발했다. 또 가벼우면서도 단단한 특성으로 유리와 함께 현대 도시의 풍경을 만드는 데 일조한다. 1951년, 건축가 미스 반 데어 로에Mies van der rohe는 미국 시카고의 레이크 쇼어 가 860-880번지에 26층 규모의 아파트를 설계한다. 철골구조로 지은 고층 아파트의 입면은 바닥부터 천장까지 알루미늄 창틀과 유리로 감싸여 있다. 이후 인근에 위치한 900-910번지의 아파트, 뉴욕의 시그램 빌딩(1958)을 차례로 완성하며 고층 건물의 구조와 완전히 분리된 커튼월 입면을 선보인다.

1978년 독일 드레스덴에는 페렌츠 사이먼Ferenc Simon과 이반 포크바리Ivan Fokvari가 설계한 센트룸 백화점Centrum gallery이 들어선다. 직육면체 건물은 알루미늄으로 마감한 3차원 벌집 모양 큐브로 입면을 빼곡히 채워 '은색 주사위'라는 별명으로 불렸다. 이 건물이 철거된 이후, 건축가 피터 쿨카Peter Kulka는 기존의 벌집 큐브 디자인을 모티브로 하여 새로운 센트룸 백화점(2009)을 설계한다. 그는 예전의 건물과 비슷한 디자인을 구현하기 위해 노벨리스Novelis의 아노다이징 처리된 알루미늄 제품(J73A) 100t으로 4,500개의 육각형 벌집 큐브를 제작했다.

프랑스의 건축가 장 누벨Jean Nouvel이 설계한 바르셀로나의 아그바 타워(2004)는 32층 규모의 고층 빌딩 전면이 알루미늄 패널로 마감됐다. 그는 입면에 40가지 이상의 색상을 입혔고, 색이 주는 효과를 극대화하기 위해 그 위를 유리로 덮었다. 덕분에 보는 각도, 시간대에 따라 카멜레온처럼 색이 달라지는 건물을 마주하게 된다. 아그바 타워가 인상적인 형태와 현대적인 재료로 바르셀로나의 도시경관을 바꾸었다면, 서울의 모습을 바꾼 대표적인 알루미늄 건축물은 건축가 자하 하디드Zaha Hadid가 설계한 DDP(2013)다. 그는 옛 동대문운동장 부지에 지형을 옮겨 낸 형태의 3차원 비정형 건축물을 계획했다. 직선이 없는 유연한 공간을 감싸기 위해 4만 5,133장의 알루미늄 패널을 제각기 다른 크기와 곡률로 제작해 UFO와 같은 유선형의 디자인을 완성했다
(감07 철재편 p.85 참고).

©Jannes Linders

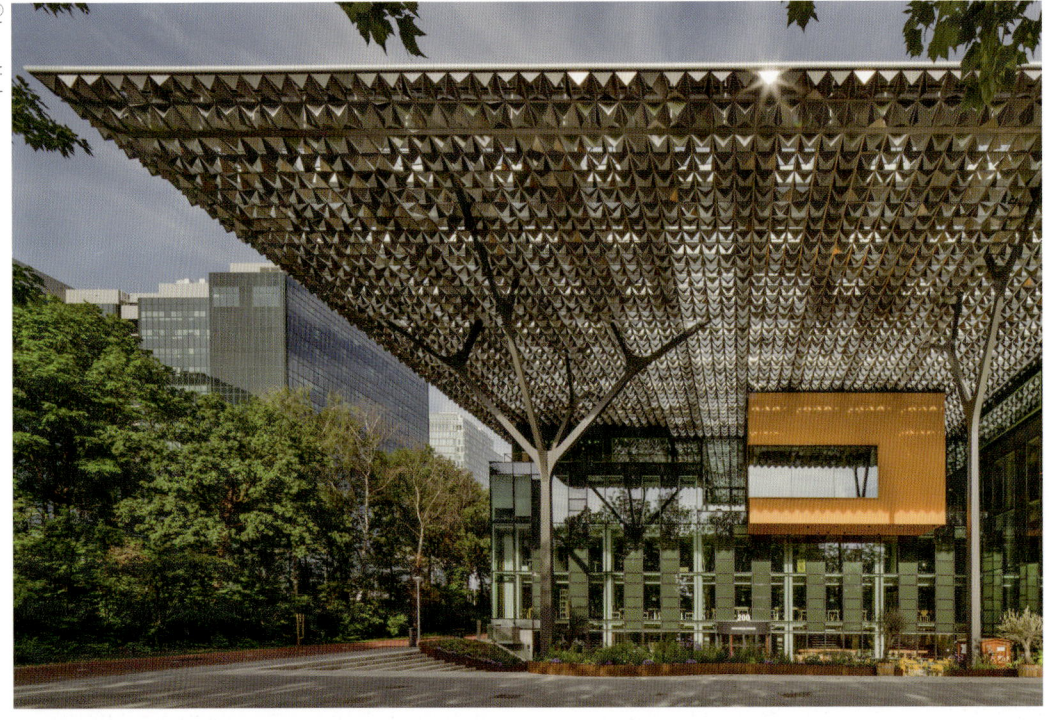

네덜란드의 건축설계사무소 벤뎀 크라우벨 아키텍츠가 설계한 후데 둘른 로테라이엔 사옥의 전경.

©Jannes Linders

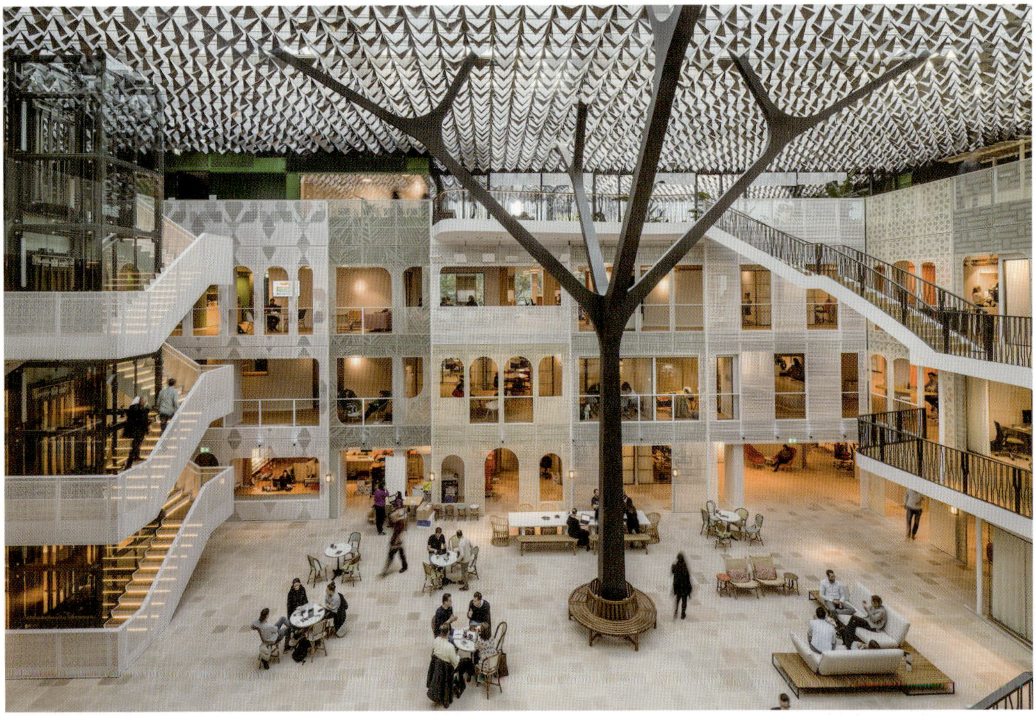

후데 둘른 로테라이엔 사옥의 실내 전경. 잎사귀 모양의 알루미늄 캐노피가 지붕을 가득 뒤덮고 있다.

용어정리
1) 반응성 서열: 금속 원자가 산화되어 양이온이 되려는 경향. 이온화 경향이라고도 불린다. 반응성 서열이 높을수록 산화되기 쉽고 환원되기는 어렵다.
2) 양극산화: 알루미늄의 표면을 처리하는 방법 중 하나. 전기화학적 방법으로 인위적인 산화피막을 형성해 내구성을 높인다.(p.116 참고)

건축의 주연과 조연으로

알루미늄의 활약은 스키드모어, 오잉스 & 메릴Skidmore, Owings & Merrill LLP, SOM이 설계한 싱가포르 창이 국제공항 제3터미널(2007)에서도 돋보인다. 이 공간의 천장 시스템은 유리 조명과 수천 개의 알루미늄 루버로 이루어져 있다. 센서가 장착된 알루미늄 루버는 낮에는 빛을 산란시켜 직사광선을 막아주고, 밤에는 조명에서 나오는 빛을 반사시켜 실내에 고르게 흩뿌린다. 2018년, 암스테르담의 빈 사무실 건물을 개보수하여 지어진 후데 둘른 로테라이엔Goede Doelen Loterijen 사옥에서도 알루미늄으로 가득 채워진 천장을 만날 수 있다. 건물의 설계를 맡은 네덜란드의 건축설계사무소 벤뎀 크라우벨 아키텍츠Benthem Crouwel Architects는 반짝이는 알루미늄으로 6,800개의 나뭇잎을 제작하고 조합해 거대한 지붕을 만들었다. 예전 사무실 주변에 있던 공원에서 영감을 받아 완성한 지붕은 건물 안팎을 지나는 사람들에게 숲속을 거니는 듯한 분위기와 함께 계속해서 달라지는 빛과 색을 경험하게 한다.

미스 반 데어 로에는 "알루미늄의 위험성은 이것을 가지면 원하는 대로 모든 것을 할 수 있고, 그 한계가 없다는 것"이라고 말했다. 그의 말대로 우리는 알루미늄으로 거의 모든 것을 만든다. 특히 현대건축에서 이 금속은 빠질 수 없는 재료다. 고층 커튼월 건물에서는 깨끗하고 투명한 유리 입면을 가능하게 하는 일등 공신으로, 비정형 건축에서는 자유로운 형태를 구현하는 외장재로, 주택에서는 까다로운 에너지 단열 기준을 만족시키는 똑똑한 창호의 모습으로 다채롭게 변신한다. 게다가 알루미늄을 재활용하는 데 필요한 에너지는 생산과정에서 드는 것의 5%에 불과할 정도로 매우 경제적이며, 자재의 품질에도 큰 차이가 없다. 이러한 친환경적 면모는 앞으로의 활용을 더 기대하게 한다. 때로는 주인공으로, 때로는 조연으로, 건축 설비와 외장재, 하드웨어 등 다양한 크기와 역할을 넘나들며 변신하는 알루미늄의 또 다른 모습을 상상해본다.

©Serge Melki

알루미늄 패널과 유리로 이루어진 아그바 타워의 입면은 형형색색 변하는 모습으로 바르셀로나의 도시경관을 다채롭게 바꾼다.

Characteristics of Aluminum

다재다능한 금속을 완성하는
여섯 가지 특징

건축에서의 다양한 쓰임을 가능하게 하고,
다른 금속과 구분되는 알루미늄의 대표적 특징을 소개한다.
글 정경화

①
대표적인 고비강도 비철금속
가벼운 무게

알루미늄은 가벼우면서도 강하다. 밀도는 $2.7g/cm^3$로 철($7.8g/cm^3$)의 3분의 1 수준이지만, 강도는 비슷하다. 이 장점을 활용해 경량화가 중요한 운송 분야에서 활발하게 쓰인다. 특히 전체 알루미늄 생산량 가운데 약 28% 정도가 자동차 산업에 사용된다.

무게를 더 가볍게 하고 싶을 때에는 마그네슘과 리튬 등을 합금하고, 반대로 무게를 더 무겁게 하고 싶을 때는 크롬, 구리, 철, 망간, 티타늄, 아연 등을 더한다. '알루미늄 합금의 꽃'으로 불리는 두랄루민은 구리와 마그네슘, 망간을 더한 합금으로, 알루미늄보다 경도와 강도가 훨씬 높아 항공기 재료로 많이 쓰인다.

②

무궁무진한 형태 변신
가공성

다른 금속에 비해 상대적으로 부드럽고 녹는점이 낮다. 길게 늘어나는 연성, 얇게 펴지는 전성이 우수해 다양한 형태로 성형하기가 쉽다. 액체 상태인 금속을 틀에 부어 성형하는 주조, 고체 상태의 금속에 열과 압력을 가해 형태를 만드는 단조를 비롯해 재단, 타공 등 금속을 가공하는 대부분의 방식을 적용할 수 있다. 0.007mm 두께까지 압연이 가능해 은박지처럼 얇은 박을 만드는 것도 가능하다. 특히 철보다 뛰어난 연성으로 압출 성형에 최적의 물성을 갖췄다. 압출은 치약을 짜면 구멍 모양대로 나오는 것과 같은 원리인데, 열을 가해 말랑말랑해진 알루미늄을 틀에 밀어 넣고 뽑아내는 방식으로 창틀, 커튼월 등의 하드웨어를 생산한다.

    이렇듯 독보적인 가공성은 기존의 건축자재로는 불가능했던 곡면, 구부리거나 휘는 형태를 자유자재로 만들어내며 독특한 공간감을 구현하는 데 큰 역할을 한다.

거울 같은 표면
반사성

알루미늄 표면은 은백색과 따뜻한 광택, 빛나는 듯한 반사도가 특징이다. 그 모습이 은과 비슷하다보니 대신해 쓰는 경우도 많았다. 알루미늄 박을 은박지(銀箔紙)라 부르거나 알루미늄 냄비를 양은 냄비라 부르는 것도 같은 이유에서다. 양은이라는 단어는 알루미늄이 처음 수입되었을 당시 '서양의 은'이라 부르던 것을 줄인 표현이다. 이와 별개로 구리에 아연, 니켈을 합금한 양은이라는 금속이 따로 존재한다.

열과 빛, 전자파를 비롯한 대부분의 에너지를 잘 반사하고, 특히 열선인 적외선에 대한 반사율이 높다. 반사도는 알루미늄의 순도가 높을수록, 표면을 매끈하게 연마할수록 높아진다. 빛을 잘 반사하면서 무게가 가벼워 조명에도 많이 쓰인다. 또 반사율이 높은 만큼 표면에서 에너지를 적게 흡수한다. 이 특성을 살려 방열판, 난방기의 반사판, 우주복 등으로 사용하기도 한다.

열과 전기의 전도체
열·전기전도성

알루미늄은 열과 전기전도도가 매우 높다. 열전도율은 철의 3배, 스테인리스 스틸의 12배에 달할 정도로 높아 전열 제품이나 조리 기구의 재료로 쓰인다. 양은 냄비에 끓인 라면이 훨씬 맛있는 이유는 주재료인 알루미늄의 열전도율이 높기 때문에 높은 온도에서 더 빠르게 조리할 수 있어서다.

열을 빠르게 전달하는 만큼 식는 속도도 빨라 냉각 코일, 팬 등 냉각 장치에 쓰이고, 복사 능력이 뛰어나 열반사단열재의 재료로 사용하기도 한다. 표면을 거칠게 가공해 단면적을 넓히면 복사 효율을 20~30% 정도 더 높일 수 있다. 전기전도율은 구리의 60% 정도지만 밀도가 30% 정도로 훨씬 가볍기 때문에 절반의 무게로 같은 효과를 발휘한다. 비용도 저렴하기에 공중에 매다는 고압 전선은 대부분 알루미늄으로 만든다.

피부 재생 능력
산화피막

금속을 건축자재, 특히 외장재로 사용하기 어려운 이유는 대부분 부식 때문이다. 금속은 산소와 만나면 부식되어 강도가 약해지고 수명이 줄어든다. 반면, 알루미늄은 산화 반응을 거치면서 표면에 얇고 치밀한 피막을 형성해 더 강하고 튼튼해진다. 이 피막은 산소를 포함한 대기, 주변 환경과의 접촉을 차단해 더 이상의 산화를 막고 내구성과 내식성을 높이는 보호막으로 역할한다. 실제로 우리가 흔히 알루미늄으로 알고 있는 독특한 은백색 광택은 바로 산화피막의 모습이다.

　내장재로 쓰는 경우, 자연스럽게 형성되는 산화피막으로도 충분히 내구성을 유지할 수 있다. 그러나 창틀, 커튼월 등 외장재로 쓰는 경우에는 아노다이징, 도장 등의 표면처리를 통해 내식성을 더 높인다(p.116 참고). 또 반응성이 큰 금속인 만큼 산성, 염기성 성분에 모두 빠르게 반응하기 때문에 콘크리트나 시멘트, 바닷물에 직접 접하거나 땅속에 매립하는 경우에는 주의가 필요하다.

Sorts & Process of Aluminum

알루미늄의 종류와 가공법

순수한 알루미늄은 강도가 낮아 단독으로는 거의 쓰지 않는다. 대부분은 다른 금속을 더해 합금으로 사용한다. 합금한 알루미늄은 열처리와 소성가공을 거치며 건축 자재로서의 모습을 갖춘다. 글 정신오

순수함에 단단함을 더하다
알루미늄의 종류

알루미늄은 합금 성분에 따라 물성이 조금씩 다르다. 순수한 1000계열을 포함해 일곱 가지 종류가 있고, 크게 열처리 합금과 비열처리 합금으로 구분한다. **열처리 합금**은 고온에서 가열한 뒤 냉각시키는 열가공을 거쳐 원재료와 다른 물성을 갖게 된 합금으로, 비열처리 합금과 비교해 강도가 높다. 종류는 2000계열과 6000계열, 7000계열이 있다.

  비열처리 합금은 주조를 거친 제품을 압출, 압연, 인발하면서 강도를 더하는 것으로, 열처리 합금보다 강도는 낮지만, 가공성이 좋고 내식성이 우수하다. 1000계열, 3000계열, 4000계열, 5000계열이 이에 해당한다.

> **+TIP 알루미늄 기호 읽기**
>
> **A 6063**
> ① ②
>
> 알루미늄은 숫자와 영문을 조합해 표기한다. ①은 재료의 기호로, 알루미늄은 A로 통일한다. ②는 알루미늄 종류다. 네 숫자 중 첫 번째는 합금의 종류로 첨가 소재와 열처리 여부를 확인할 수 있다. 마지막 두 자리는 합금 내에 포함된 알루미늄의 최소함량을 뜻한다. 예를 들어 6063은 6000계열 합금으로 알루미늄을 63% 이상 함유하고 있다는 뜻이다.

❶ 1000계열
알루미늄 99% 이상의 고순도 제품. 내식성이 좋고 열전도성이 뛰어나다. 하지만 강도가 낮아 쉽게 변형된다. 주로 식품 용기, 반사판에 사용한다.

대표 합금: A1070, A1050, A1100

❷ 2000계열
구리(Cu)를 최대 12%까지 함유한 합금. 강도가 높지만, 구리를 함유하고 있어 잘 부식된다. 외부에 사용할 경우 내식성에 대한 별도의 처리가 필요하다. 또 용접이 어려워 주로 리벳 접합[1]으로 시공한다. 주로 화물차의 패널 벽, 항공기의 구조 부품, 볼트, 너트처럼 무게 대비 높은 강도를 필요로 하는 곳에 쓰인다.

대표 합금: A2017, A2024, A2011

❸ 3000계열
1~2%의 망간(Mn)을 포함한 합금으로, 1000계열 알루미늄의 가공성과 내식성을 유지하면서 강도를 높였다. 하지만 열처리 합금과 비교하면 여전히 물러 마그네슘을 더해 강도를 높이기도 한다. 음료수 캔, 조리 기구, 고속도로 표지판에 쓰인다.

대표 합금: A3003, A3005, A3015

❹ 4000계열
규소(실리콘, Si)를 더한 합금으로, 최대 12%까지 함유한다. 규소 외에도 구리, 니켈 등을 더해 내열성을 높이기도 한다. 규소를 함유하고 있어 녹았을 때 유동성이 좋다. 응고된 후에는 균열이 발생하지 않아 주로 용접봉으로 사용한다.

대표제품: A4032, A4043

❺ 5000계열
마그네슘(Mg)을 주 첨가성분으로 하여 강도와 내식성을 높인 합금. 비열처리 합금 중 강도가 가장 높다. 마그네슘을 0.3~5% 함유하고 있고, 망간의 함유 비율이 늘어날수록 강도가 높아지는 대신 가공성은 떨어진다. 용접성과 내식성이 우수해 주로 판재로 생산하고, 차량, 선박, 화학 공장 등에서 쓴다.

대표제품: A5052, A5056, A5083

❻ 6000계열
마그네슘과 규소를 각각 0.3~1.2%의 비율로 함유한다. 강도가 높고 내식성이 좋아 구조재의 대표 합금으로 꼽힌다. 또 내수성이 우수해 선박과 같은 해수용 제품에 쓰인다.

대표제품: A6061, A6063

❼ 7000계열
아연을 주 첨가성분으로 하고 마그네슘을 더해 강도를 높인 고강도 알루미늄이다. 알루미늄 중 가장 강도가 높은 두랄루민 역시 7000계열로, 구리와 마그네슘을 더한 합금이다. 강도가 높은 만큼 가공성이 떨어지고, 특히 압출성형이 어렵다. 철도, 기차의 외부, 우주 항공 분야 등 높은 강도를 요하는 곳에 쓰인다.

대표제품: A7075

용어정리
[1] 리벳 접합: 800℃로 달군 리벳을 축의 지름보다 1~1.5mm 크게 뚫린 구멍에 삽입한 뒤 망치로 두들겨 금속판을 이어 붙이는 방식. 리벳은 머리가 둥글고 두툼한 버섯 모양의 굵은 못을 뜻한다.

알루미늄 종류 및 합금의 물성 (KS D 6701:2018)

구분	합금 성분	대표 합금	물성 비교						용도
			두께(mm)	인장강도 (N/mm²)	항복강도 (N/mm²)	연신율(%)	내식성	성형성	
1000계	-	A1070	13~50	55~95	15 이상	30 이상	★★★★★	★★★★★	박판, 포장재, 은박지
2000계	구리	A2017	13~25	220 이하	140 이상	10 이상	★☆☆☆☆	★★★☆☆	볼트, 너트
3000계	망간	A3003	6.5~75	95~135	35 이상	23 이상	★★★★★	★★★★★	음료수 캔, 열교환기용 튜브
4000계	규소	A4032	-	-	-	-	★★★☆☆	-	용접봉
5000계	마그네슘	A5052	6.5~75	170~215	65 이상	18 이상	★★★★★	★★★★★	선박, 자동차
6000계	규소+마그네슘	A6061	25~75	145 이하		16 이상	★★★★☆	★★★☆☆	가구재, 선박재
7000계	아연+마그네슘	A7075	25~50	275 이하	145 이하	10 이상	★★★☆☆	★☆☆☆☆	가구재, 항공기 철도 외부재

건축 자재의 모습을 갖추다
소성가공

금속을 가공할 때 사용하는 방식으로, 열이나 압력을 가해 형태를 변형하는 것을 뜻한다. 원료를 주조해 만든 직육면체의 슬래브slab, 원기둥의 빌렛billet은 이 과정을 거쳐 판재, 봉재, 관재 등의 형태를 갖춘다. 또 비열처리 합금은 소성가공을 통해 강도를 높인다. 건축 자재의 모습을 만드는 네 가지 소성가공법을 알아보자.

❶ 단조 forging

표면을 두들겨서 형태를 만드는 방식. 틀에 맞게 제작하는 형단조와 틀 없이 형상을 만드는 자유단조가 있다. **형단조**는 금형에 넣고 압력을 가해 만들기 때문에 정밀도가 우수하다. 또 절삭과 가공이 쉬워 대량생산에 적합하다. 하지만 장비를 갖추고 틀을 제작하는 데 비용이 많이 든다. **자유단조**는 틀 없이도 제작할 수 있어 경제적이다. 또 특별한 장비를 필요로 하지 않아 성형에 드는 에너지가 적다. 하지만 정밀한 가공이 어렵고 작업속도가 느려 주로 소량생산에 이용한다.

❷ 압연 rolling

회전하는 두 개의 롤 사이로 주조물을 통과시켜 얇은 코일을 만드는 방식. 크게 냉간압연과 열간압연으로 나뉜다. **냉간압연**은 상온에서 용융물을 냉각시킨 뒤 바로 코일로 감는 방식으로, 별도의 장비 없이 쉽게 제작할 수 있다. 하지만 용융물이 굳는 데 오래 걸린다. **열간압연**은 슬래브를 재결정온도까지 가열한 뒤에 한 번, 상온에서 한 번, 총 두 번에 걸쳐 롤을 통과시키는 방식이다. 냉각과정이 생략돼 생산속노가 **빠르고 두** 차례에 걸쳐 코일링하여 평활도가 좋다.

❸ 압출 extrusion

빌렛을 금형에 통과시켜 성형하는 공정. 압연으로는 불가능한 복잡한 형상을 생산할 때 쓴다. 제품이 나오는 방향에 따라 직접압출과 간접압출로 나뉜다. **직접압출**은 주사기처럼 합금의 뒷면에 압력을 가해 튜브 형태의 틀을 통과시키면서 성형하는 방식이다. 틀이 압출재를 지탱해 하중에 대한 제약이 적다. 하지만 합금과 벽 사이에 마찰이 생기고, 생산 에너지의 30%가 마찰력을 줄이는 데 소비돼 에너지 효율이 낮다. **간접압출**은 밀가루 반죽에 쿠키 틀을 찍듯 금형을 눌러서 압출하는 방식이다. 알루미늄이 틀을 통과하는 시간이 짧아 마찰력이 적고, 모든 에너지를 생산하는 데 쓸 수 있어 상대적으로 낮은 온도에서 가공이 가능하다. 하지만 압출재를 지탱하는 틀이 없어 하중에 제한이 있다. 또 압출재가 이물질에 노출돼 결함이 생길 수 있다.

❹ 인발 drawing

가래떡 뽑듯 원자재를 틀에 넣은 뒤 당겨서 봉재나 관재, 선재처럼 단면적이 작은 제품을 생산하는 공정. 크게 단일인발과 다발인발이 있다. **단일인발**은 한 번에 한 제품을 생산하는 방식으로, 제품의 치수가 큰 경우에 사용한다. **다발인발**은 하나의 기계에 여러 개의 틀을 두어 동시에 대량을 생산한다. 주로 전선처럼 직경이 작은 제품을 만들 때 쓴다.

Reportage

든든한 바탕을 만들다

× 노벨리스코리아 지준근 전무

우리는 일상에서 여러 형태의 알루미늄을 접한다. 각양각색의 모습으로 팔색조 매력을 뿜내는 이들의 맨 얼굴은 모두 '코일'이다. 미국에서 설립된 노벨리스는 전 세계 최대 규모로 알루미늄 압연 코일을 생산한다. 노벨리스코리아의 지준근 전무를 만나 팔색조 매력의 바탕이 되는 '알루미늄 코일'에 대해 물었다.

인터뷰 **정신오**
사진 제공 **노벨리스코리아**(별도 표기 외)

△△ 노벨리스코리아 지준근 전무.
△ 울산공장 전경.

감씨(감): 자동차, 음료수 캔, 특수용도에 사용하는 스페셜티 제품까지 다양한 분야에 쓰이는 알루미늄 코일을 생산한다. 연간생산량은 어느 정도인가?
지준근(지): 노벨리스는 북미, 남미, 유럽, 아시아의 10개국에 지사를 두고 있고 총 23개의 공장에서 알루미늄 코일을 만든다. 연간생산량은 2018년 기준 약 300만t 이상이고 한국 지사에서는 4분의 1인 70만t 이상을 생산한다.

생산한 코일은 70%가 음료수 캔, 20%가 특수용도, 10%가 자동차의 부품을 만드는 데 쓰인다. 건축재는 특수용도 중에서도 극히 일부분으로 연간 6,800t가량 차지한다. 전체 생산량의 1%가 채 안되는 적은 양이지만 고성능의 생산설비와 기술력으로 고품질의 건축재를 만들기 위해 집중 개발 중이다.

감: 알루미늄 코일의 생산과정이 궁금하다.
지: 생산과정은 크게 CC^Continuous Casting 와 DC^Direct Chilling 가 있다. **CC**는 용융물이 상온에서 냉각되면 추가 공정 없이 바로 코일로 감는다. 주조와 코일링 사이에 과정이 없으니 생산하면서 생기는 불순물을 거르지 못한다. 반면 **DC**는 슬래브의 면을 깎는 면삭과정을 통해 불순물을 제거한다. 이후 열간압연을 거치며 슬래브의 두께는 560mm에서 4mm까지 얇아진다. 이를 냉간압연으로 0.2mm까지 더 압축한 뒤 코일로 감는다. 깎이는 면이 많기 때문에 CC와 비교하면 생산량은 적지만 순도가 높은 제품을 만들 수 있다. 우리는 DC와 CC 모두 생산했으나 지금은 DC에만 집중한다.

감: 각 공정에서 생산된 코일은 어떤 용도로 쓰이나?
지: CC는 주조한 뒤 바로 코일로 감기 때문에 상대적으로 부드러운 1000계열과 3000계열의 합금을 원료로 한다. 또 상온에서 굳혀 냉각하고 코일로 감는 데 시간이 오래 걸린다. 원료와 생산성 면에서 제약이 많아 음료수 캔처럼 단순한 제품을 생산할 때 적합하다.

반면 DC는 CC에 쓰인 합금은 물론, 마그네슘이 많이 포함된 5000계열의 합금까지 모두 원료로 사용할 수 있다. 또 냉각과정을 생략하여 작업속도가 빠르고 생산성이 좋다. 주로 물량이 많은 건축용 제품, 설비용 제품을 만드는 데 쓰인다.

감: 코일을 생산할 때부터 사용 분야를 구분하나?
지: 그렇다. 분야마다 필요로 하는 성능이 다르다. 두께와 강성 모두 원료 합금과 생산공정에 따라 좌우된다. 그래서 용도마다 합금을 정하고 그에 맞는 공정을 개발해 독자적으로 생산한다.

감: 건축용 제품은 어떤 품질을 고려하나?
지: 평활도, 가공, 표면관리에 집중한다. 건축재는 평활도가 가장 중요하다. 어떤 부위든 평활도가 떨어지면 공간이 일그러져 보인다. 그 다음은 가공이다. 가공 방식에 따라 소재의 강도가 달라진다. 우리는 후가공을 하지 않지만 해당 공정에 적합한 코일을 만들기 위해 심혈을 기울인다. 마지막은 표면품질이다.

35

△△ 노벨리스코리아에서는 부드러운 1000계열과 3000계열의 합금은 물론, 마그네슘이 많이 포함된 5000계열까지 모두 원료로 사용한다.
△ 냉간압연 후 표면에 묻은 압연유를 제거하는 탈지 공정.

알루미늄에 표면처리를 하려면 이물질이 없이 깨끗이 관리해야 한다. 그 중에서도 아노다이징은 고순도 코일이어야 품질이 균일하고 좋다. 때문에 주문을 받을 때부터 요구 사항을 파악해 그에 맞는 코일을 제작한다.

갑: 적용 사례를 보니 비정형 건물이 많다.
지: 비정형 건물은 곡률로 인해 구조적으로 문제가 될 수 있어 초기에 구현 가능성을 확인해야 한다. 그래서 설계 단계부터 참여해 알루미늄의 구조값을 검토한다. 건축용 제품외의 알루미늄이 필요한 프로젝트는 적절한 강도인지 확인하는 소재 솔루션을 제공하기도 한다. 이러한 솔루션은 알루미늄 압연 공장 중 노벨리스가 독보적이다. 오랜 시간 알루미늄을 생산하며 데이터를 축적했기에 가능한 일이다.

갑: 도장 방식이 독특하다.
지: 국내는 후도장 방식 post-painted이 일반적이지만 우리는 코일에 바로 도장하는 선도장 방식 pre-painted을 쓴다. 후도장은 시트를 잘라 판재로 만든 뒤 스프레이로 색을 입힌다. 제품마다 따로 도장하기 때문에 같은 공정을 진행하더라도 색이나 두께에 차이가 생긴다. 하지만 선도장은 생산과정에서 코팅까지 일괄로 하기 때문에 품질이 일정하다. 광택제 비율을 조절하면 무광에서 유광까지 원하는 대로 제작이 가능하고 패턴을 인쇄할 수도 있다. 또 별도로 도장작업을 하지 않아도 돼 납품기한을 단축할 수 있다.

10년 전만 해도 대규모 프로젝트의 선도장 제품은 모두 유럽에서 들여왔다. 하지만 수입품은 현장에 수급하는 데 오래 걸리고, 비용도 많이 든다. 이제는 국내에서도 유럽산과 동일한 성능으로 생산하는 것이 가능해져 고품질의 알루미늄을 아시아 전역에 공급할 수 있게 됐다. 수입에 의존할 수밖에 없었던 외장재 코일을 국내에서 직접 공급할 수 있게 됐다는 점에서 의의가 크다.

갑: 선도장 기술을 적용한 제품으로는 어떤 것이 있나?
지: 컬러리스가 있다. 이 제품은 유럽 지사의 기술진이 아시아 지사에 전달한 공정, 관리사항을 토대로 생산한 것으로, 해외 지사에서는 FF2, FF3이라는 이름으로 판매되고 있다.

갑: 국내에서 컬러리스를 적용하는 사례가 많은가?
지: 아시아는 선도장 제품에 대한 수요가 아직 많지 않다. 가장 큰 이유는 비용이다. 국내는 후도장 CC제품을 저가로 공급하는 업체가 대부분이다. 고가인 선도장 DC제품을 제안하면 아무리 품질이 우수해도 가격 때문에 망설이곤 한다. 두 번째는 물량이다. 선도장은 코일 단위로 진행하기 때문에 주문량이 한 롤 이상은 되어야 한다. 하지만 아시아에서는 많은

물량을 필요로 하는 대규모 프로젝트가 많지 않다. 결국 저가의 후도장 제품을 선택한다.

감: 최소로 주문 가능한 수량은 어느 정도인가?
지: 폭 1,219mm, 두께 2~2.5mm를 기준으로 최소 1,000m² 또는 1코일 이상이면 생산이 가능하다. 1,000m² 미만의 소량 주문은 노벨리스 코일센터를 통해 구매할 수 있다.

감: 김포공항 리모델링에 컬러리스 제품을 적용했다.
지: 작년 새롭게 개장한 김포공항 국내 청사에 지붕재로 컬러리스 제품이 약 100t 정도 쓰였다. 공항은 대부분 해안가에 위치해 있어 내식성이 중요하다. 알루미늄은 기본적으로 염분에 대한 내식성이 우수하다. 우리는 여기에 그치지 않고, 세 차례에 걸쳐 불소(PVDF)를 코팅해 미려한 금속 질감을 내면서 내구성을 높였다.
 지붕재는 접합 부위의 고리가 위아래로 맞물리는 롤포밍 방식을 적용하기 위해 끝을 벤딩 처리했다. 가공 단계에서는 작은 곡률 반경으로 인해 균열이 생기지 않도록 적합한 강도를 검토했다. 그 밖에도 항공기가 이착륙 할 때 빛반사가 일어나지 않도록 광택을 조절하는 등 여러 가지를 신경 썼다.

감: 노벨리스는 알루미늄 재활용 양도 세계 최대다.
지: 재활용하면 온실가스 배출량은 90% 이상, 에너지 소비량은 95%가량 줄일 수 있다. 에너지와 환경 면에서 이점이 많으니 폐알루미늄을 재활용하자는 움직임이 산업 전반에 나타나고 있다. 5년 내에는 이를 의무화하는 규정도 생길 것이다.
 우리는 약 10년 전부터 재활용 소재의 함량 비율을 높이기 위해 투자했다. 경상북도 영주에는 아시아 최대규모의 재활용 시설을 보유하고 있다. 관련 설비 구축에 투자하기 전인 2011년에는 알루미늄 전체 생산량의 33%에 재활용 소재를 적용했다면 지금은 61%로 2배 가까이 증가했다. 앞으로도 비중을 늘릴 예정이다.

감: 모든 알루미늄을 재활용할 수 있나?
지: 알루미늄은 여러 금속을 합금해 사용한다. 폐알루미늄을 무작위로 주조하면 합금이 섞여 완제품의 품질이 떨어진다. 하지만 수명이 끝난 제품에서 알루미늄만 깨끗하게 분리해서 재활용하는 것은 현실적으로 어렵다. 또 특수한 합금은 소량이기 때문에 수거해서 재활용하는 것이 비용 면에서 더 손해다. 그래서 보편적으로 쓰이는 알루미늄을 재활용한다.
 주로 생산 공장, 후가공 공장에서 생기는 스크랩, 소비자가 버리는 폐알루미늄을 쓴다. 생산 공장에서 슬래브를 면삭하면서 생기는 스크랩은 100% 재활용이 가능하다. 후가공 공장에서 발생하는 스크랩은 합금 성분에 따라 세 단계로 나누어 재활용하고 있다. 그 밖에도 일상에서 생기는 음료수 캔, 알루미늄 호일을 수거해 재활용한다. 그중 가장 효율성이 높은 것은 음료수 캔이다. 음료수 캔은 거의 동일한 합금으로 이루어져 있어 재활용이 쉽다. 현재 영주공장에서는 음료수 캔을, 울산공장에서 산업용 알루미늄을 재활용하고 있다.

컬러리스 제품을 적용한 인천국제공항 지붕.

노벨리스코리아 울산공장: 깨끗한 알루미늄 코일을 생산하다

노벨리스는 100년에 걸쳐 압연에 집중해온 알루미늄 압연 전문 기업이다. 오랜 시간 쌓아온 경험과 노하우는 깨끗하고 평탄도 높은 고순도의 코일로 고스란히 드러난다. 순도 높은 제품을 생산하기 위해 노벨리스코리아에서 집중하는 DC 공정을 살펴보았다.

1 면삭 직육면체 슬래브의 면을 깎아 불순물을 제거한다. 깎이는 면이 많아 CC에 비해 생산량은 적지만 표면이 깨끗한 알루미늄을 만들 수 있다.

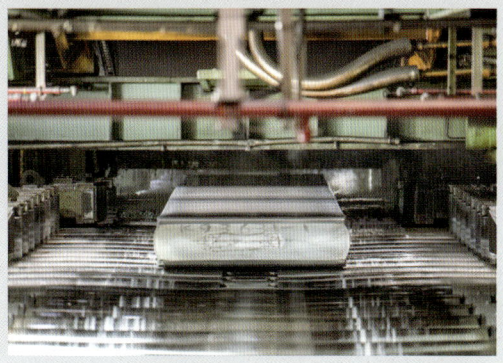

2 열간압연 면삭을 거친 슬래브를 재결정온도 이상으로 가열하여 말랑하게 만든 뒤 위아래의 롤러 사이로 통과시켜 두께를 560mm에서 2~4mm까지 압축한다.

3 냉간압연 열간압연을 거친 코일은 상온에서 롤러 사이로 한번 더 통과시켜 0.2mm까지 압축한다. CC공정에서는 면삭과 열간압연 없이 냉간압연만으로 코일을 만든다.

4 폭 절단 용도와 디자인에 맞춰 코일을 절단slitting하는 공정. 원형 날이 회전하면서 모서리를 다듬고 폭을 절단한다. 코일은 최소 500mm, 최대 1,830mm까지 제작이 가능하다.

5 장력 형상 교정 코일을 롤로 팽팽하게 잡아당겨 평탄도를 높이는 공정. 평탄도가 우수해야 하는 건축용 제품을 만들 때 특히 중요하다.

6 포장 알루미늄은 다른 금속보다 연성이 높아 작은 외력에도 쉽게 변형될 수 있다. 때문에 포장이 특히 중요하다. 이곳에서는 자동포장기로 코일을 기밀, 방수 상태가 되게 포장해 보관한다.

2

APPLICATION OF ALUMINUM

2.1 Aluminum in Exterior Space

2.1.1 Aluminum Skin in Architecture

2.1.2 Interview 1

2.1.3 Interview 2

2.1.4 Interview 3

2.2 Aluminum in Connection Space

2.2.1 Aluminum Curtain Wall

2.2.2 Interview

2.3 Aluminum in Interior Space

2.3.1 Aluminum Material inside the Space

2.3.2 Reportage

2.3.3 Interview

2.1

Aluminum in Exterior Space

실외 공간의 알루미늄

알루미늄은 외장재 중 철 다음으로 많이 쓰이는 금속이다. 하지만 그 비중만큼 존재감이 강하지는 않다. 알루미늄의 질감이 철과 비슷해 육안으로 구분하기 어렵기 때문이다. 하지만 철보다 부식에 강하고, 가벼워 여러 디자인을 구현해낸다. 알루미늄 외장재의 종류와 그 적용 사례에 대해 살펴보았다.

Aluminum Skin in Architecture

건물의 피부가 되는 외장재

국내 고층 빌딩의 외장재로 쓰이는 금속의 25%는 알루미늄으로 비철금속 중 가장 많은 비중을 차지한다. 이 같은 쓰임에는 알루미늄의 대표적 장점인 가벼움과 내구성이 한몫한다. 건물의 외장재로 쓰이는 알루미늄은 크게 판재, 패널과 루버재로 나눌 수 있다.

글 정신오

고려 요소: 강도 > 내식성 > 심미성 > 유지관리

늘 외부에 노출되어 있기에 파손이나 부식에 대한 대비가 필수다. 특히 알루미늄은 금속 중에서도 연성이 높아 쉽게 마모된다. 때문에 높은 **강도**를 유지하면서 쉽게 부식되지 않도록 하는 것이 중요하다. 주로 **내식성**이 강한 3000계열, 5000계열로 합금을 쓴다. 내식성이 낮은 알루미늄은 성능을 개선하기 위해 표면에 아노다이징 처리를 한다.

건물의 인상을 결정하는 만큼 **심미성**도 중요한 고려 요소다. 알루미늄은 벤딩, 절곡과 같은 형태적인 가공뿐 아니라 펀치 프레스, 레이저 커팅 등으로 원판을 타공해 무늬를 만들기도 한다 (p.100 참고).

알루미늄 루버재 aluminum louver

특징 알루미늄 판재를 얇게 재단하거나 압출해 만든 관재를 외벽에 고정한 것이다. 유리 커튼월 건물이나 일사량이 많은 공간에서 햇빛을 가리기 위해 사용한다.

시공 방식 바탕면에 접하는 경우와 분리하는 경우 두 가지로 구분한다. 전자는 루버의 위치마다 브래킷bracket을 설치하여 거는 방식이다. 후자는 간격재spacer로 루버와 바탕면을 이격해 고정하는 방식이다. 바탕면에 접하는 경우와 마찬가지로 긴결재를 고정하고, 긴결재에 하지 철물을 설치한다.

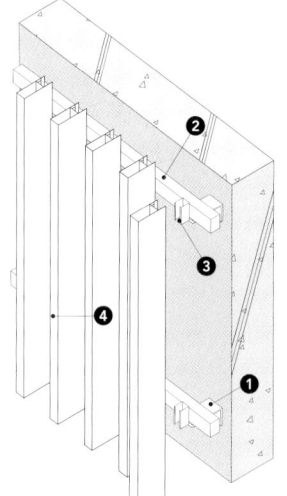

외벽 스크린 루버
1 간격재 2 각형 파이프
3 브래킷 4 루버

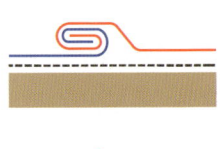
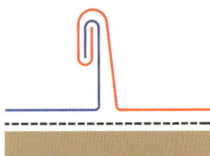

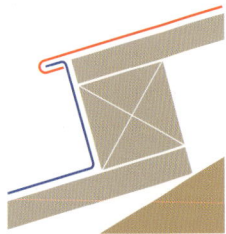

알루미늄 판재 시공 방식.
(위쪽부터) 평이음, 돌출이음,
각재심기, 계단식 이음.

알루미늄 판재 aluminum sheet

특징 압연공정을 통해 얇게 가공한 판. 흔히 시트라고 부르며 솔리드 패널 solid panel이라고도 한다. 단일판이고 두께가 3~6mm정도로 얇아 평활도가 떨어진다. 철, 아연, 구리 등 알루미늄 외의 금속과 접촉하면 갈바닉 부식[1]이 일어날 수 있다. 때문에 다른 금속과 함께 사용할 경우 고무, 플라스틱과 같은 절연재를 두거나 표면에 크롬 도금액과 같은 강산성 용액, 불소수지페인트로 도장해서 써야 한다.

시공 방식 볼트로 고정하거나 바탕재 위에 거멀접기(금속판 잇기, metal sheet roofing) 하는 방식이 있다. 전자는 볼트가 외부에 노출되면서 미관을 해쳐 잘 쓰이지 않는다. 거멀접기는 금속판재의 양쪽 모서리를 다르게 접어서 암수를 만들고, 끼워서 고정하는 방식이다. 이음매의 형태에 따라 평이음과 돌출이음, 각재심기, 계단식이음, 인터로킹이 있다.

① **평이음** flat-lock seam 이음부가 평평한 방식. 거멀접기 면이 평평하여 시공이 편리하고 물빠짐이 우수하다. 평면뿐 아니라 예각, 곡면도 시공이 가능하다.

② **돌출이음** standing seam 이음부가 마감면에 수직으로 돌출된 형태로, 거멀접기 중 가장 보편적 방식이다. 연결 부위가 25mm 또는 38mm 높이로 돌출된다. 윤곽선이 뚜렷해 건물의 선을 강조할 때 효과적이다.

③ **각재심기** 기와가락이음, batten seam 금속판에 각재를 고정하고 ㄷ자형의 각재심기용 금속 캡을 씌운 뒤 각재의 윗면에서 양쪽 거멀접기로 잇는 방식이다. 돌출이음보다 선이 강렬하지만 겹치는 면적이 넓어 재료가 더 많이 필요하다.

④ **계단식 이음** step lock seam 각재와 내수합판을 이용해 단을 만들고 평이음이나 돌출이음으로 연결하는 방식. 단이 있어 배수에는 유리하지만 평이음, 돌출이음보다 시공이 번거롭고 재료가 많이 든다. 주로 지붕에 적용한다.

⑤ **인터로킹** interlocking 공장에서 양 모서리를 클립 형태로 제작하고 현장에서는 체결만 해 고정하는 방식. 현장에서 일일이 모서리를 접어야 하는 번거로움과 작업자의 숙련도에 따라 마감품질에 차이가 생기는 단점을 보완하고자 개발되었다.

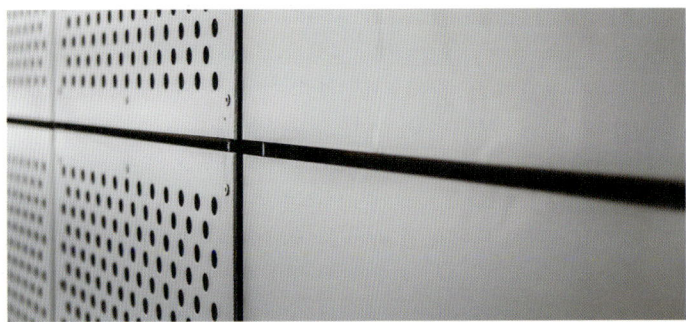

알루미늄 패널 aluminum panel

특징 크게 알루미늄 패널과 복합패널로 나뉜다. **패널**은 두꺼운 알루미늄 판으로, 3mm 두께를 주로 이용한다. 두께가 두꺼울수록 절곡할 때 균열이 잘 생긴다. 때문에 각을 접기보다는 곡면으로 구부리는 비정형의 디자인에 적합하다. 알루미늄 복합패널은 폴리에틸렌을 심재로 하고 양쪽에 0.5mm 두께의 알루미늄 박판을 붙인 복합재료다. 겉모습은 알루미늄 패널과 비슷하지만 성격이 다르다. **복합패널**은 심재가 플라스틱이라 모서리를 따내 듯 심재를 V자로 재단해 깔끔하게 접을 수 있다. 그러나 심재의 소재 특성상 고온가공이 불가능해 곡면성형이 어렵다. 위드웍스의 김성진 대표는 "알루미늄 패널과 복합패널은 소재와 가공 가능한 형태가 다르다"며, "이 둘의 차이를 제대로 이해해야 완성도 높은 건물을 구현할 수 있다"고 말한다.

시공 방식

① **코킹 공법** caulking system 패널 사이에 실란트를 채워 고정하는 방식. 실란트가 자외선이나 산성비 등에 장시간 노출되면 유분으로 변하는데 이것이 빗물을 타고 흐르면서 입면을 오염시킨다. 또 통풍이 원활하지 않아 내외부의 온도 차이가 발생하고 그로 인해 패널 안쪽에 결로가 생기기 쉽다. 실란트가 손상되면 누수가 일어날 수 있고, 유지관리가 어려워 최근에는 잘 사용하지 않는다.

② **오픈 조인트 공법** open joint system 하지 철물을 세운 뒤 패널의 양 모서리를 리벳으로 접합해 고정하는 공법. 실란트를 사용하지 않아 코킹 공법보다 유지관리가 쉽다. 또 패널 사이가 막히지 않아 통풍이 잘된다. 하지만 틈새로 빗물이 흘러서 창틀로 스며들면 누수가 발생할 수 있다. 때문에 창틀과 구조체 사이에 틈이 없도록 밀실하게 시공해야 한다.

용어정리
1) 갈바닉 부식(galvanic corrosion): 두 금속이 접촉된 상태 또는 전기 도체로 연결된 상태일 때, 두 금속의 전위 차에 의해 전자의 이동이 발생해 부식이 일어나는 것.

Interview 1

미려함과
시공성까지 잡는
알루미늄 패널

알루미늄 패널을 외장재로 사용한 건축물은 대부분 비슷한 모습이다. 제품의 색상, 종류와 시공법이 다양하지 않으니 새로운 디자인을 기대하기 어렵다. 메가패널은 건축가가 직접 디자인하고 시공법까지 고안해 개발한 제품이다. 메가패널의 대표이면서 시공사를 함께 운영하는 건축가 정승이는 "메가패널의 시공법은 다양한 디자인을 시도할 수 있도록 계획됐으며, 쉽고 간편해 공사 기간을 단축한다"고 말한다.

인터뷰 정신오 인터뷰이 유하우스 정승이 대표 사진 제공 메가패널

감씨(감): 건축가로 활동하면서 직접 제품까지 개발하게 된 배경은?
정승이(정): 건축에서 외장재로 사용하는 재료는 금속, 유리, 석재, 벽돌 정도로 한정돼 있다. 건축가는 제한된 종류 안에서 색다른 디자인을 구현하고자 여러 방법을 고민한다. 그러나 대부분은 결국 기존 방식을 선택한다. 새로운 것을 시도하기에는 비용, 구조 등 해결해야 할 문제가 많기 때문이다. 금속도 마찬가지다. 국내에서는 징크(아연, zinc)를 외장재로 많이 활용하는데, 제품이 다양하지 않아 대부분 모습이 비슷하다. 이렇듯 천편일률적인 금속 외장재에 차별화를 주고자 메가패널을 개발했다.

감: 많은 금속 중에서 알루미늄을 택한 이유는?
정: 알루미늄은 다른 금속보다 3분의 1 이상 가볍다. 가벼울수록 현장에서 운반하고 시공하기 쉽다. 고정 하드웨어가 지지해야 하는 하중이 적으니 부자재도 상대적으로 적게 필요하다. 이런 장점을 활용하면 새로운 공법을 시도할 수 있을 거라 판단했다.

감: 기성품과 비교해 메가패널의 장점은 무엇인가?
정: 시공법이다. 기존에는 패널 사이의 틈을 실란트로 메우는 코킹 공법을 사용했다. 하지만 이 공법은 패널을 시공하고 실란트로 빈틈을 채워야해 작업이 번거롭다. 또 실란트가 햇빛에

경기도 고양시 덕양구 원흥동에 위치한 상가주택 전경. 메가패널을 곡선으로 가공해 외장재로 사용했다.

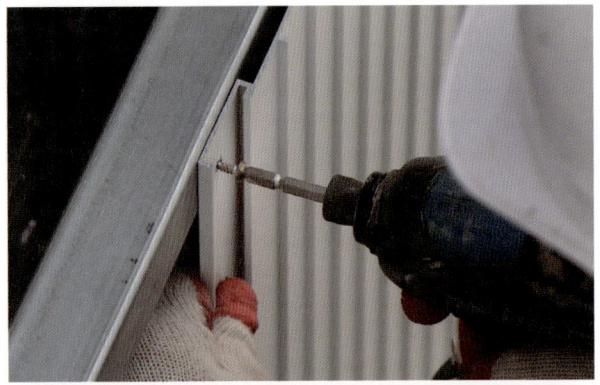

메가패널은 실란트를 사용하지 않는 건식 공법으로, 하지 철물에 패널을 고정한 뒤 좌우 모서리의 요철을 끼워 맞추는 방식으로 설치한다.

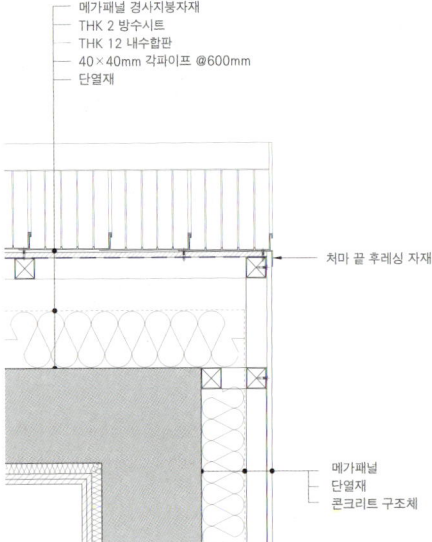

- 메가패널 경사지붕자재
- THK 2 방수시트
- THK 12 내수합판
- 40×40mm 각파이프 @600mm
- 단열재

처마 끝 후레싱 자재

메가패널
단열재
콘크리트 구조체

지붕 단면 상세도

노출되면 유분이 녹으면서 표면에 흘러내려 입면을 오염시킨다. 최근에는 미관을 위해 패널 사이를 채우지 않는 오픈 조인트 방식을 사용하지만, 빗물이 들이쳐서 창틀과 구조체 틈으로 물이 새면 더 큰 문제가 생긴다. 결국 오픈 조인트도 창틀과 바탕면 사이를 실란트로 꼼꼼하게 채워 밀실하게 작업한다. 결과적으로 번거롭다는 점은 변하지 않는다.

메가패널은 실란트를 사용하지 않는 건식 공법으로, 하지 철물에 패널을 고정한 뒤 좌우 모서리의 요철을 끼워 맞추는 방식으로 설치한다. 덕분에 번거로움이 줄고 표면이 오염되지 않아 관리가 쉽다.

감: 메가패널은 수직의 선을 강조한 성형패널이다. 수직 심이 있는 패널을 계획하게 된 이유가 궁금하다.
정: 최근에는 다양한 디자인의 알루미늄 패널을 쉽게 볼 수 있는데, 이들 대부분은 디자인을 위해 레이저 커팅, CNC 등으로 후가공을 한 것이다. 메가패널의 수직 심은 압출 단계에서 미적 측면과 구조적 기능을 함께 고려해 생산한다.

심은 제품의 앞, 뒷면에 모두 있다. 후면의 것은 하지 철물과 맞닿는 부분으로, 패널의 밀착력을 높인다. 앞면은 디자인을 고려했다. 심은 간격에 따라 입면을 다양한 분위기로 연출한다. 또 일정한 간격으로 패널을 지탱해 처짐이 생기는 것을 막는 구조적 기능도 한다.

감: 심의 간격과 크기는 어떤 기준으로 정했나? 디자인에 따라 심의 간격을 조절하는 것도 가능한가?
정: 지난 8년간 메가패널을 적용하면서 사람들의 선호도를 파악하고 시공 과정에서 발생할 수 있는 문제점을 분석했다. 여기에 비례감을 살피면서 1mm 단위로 조절해 만든 것이 지금의 모습이다. 단일 제품으로 볼 때는 심이 촘촘하게 느껴지지만 건물에 설치하고 보면 평평한 패널처럼 보인다.

심은 간격뿐 아니라 크기, 각도도 조절이 가능하다. 어떻게 조절하느냐에 따라 그림자도 달라진다. 기본형 패널 외에도 곡면 처리한 라운딩 패널, 사선 등 다양한 제품을 개발 중이고, 디자이너의 요구에 맞춰 주문제작하기도 한다.

감: 최대로 생산 가능한 규격은 어느 정도인가?
정: 현재는 6,000×200mm까지 생산한다. 압출과정에서 1m 단위로 절단할 수 있어 더 긴 제품을 만드는 것도 가능하지만 운반이 어려워 최대 6m를 권장한다. 성북동 갤러리, 파주 헤이리에 위치한 건물, 일산 리디아 사옥에서는 6m의 단일 패널을 적용했다.

폭은 시공자가 운반하고 설치하는 데 최적화된 크기다. 이보다 크면 시공의 편리함이 떨어진다. 또 제한된 압출 압력에서 단면적만 넓히면 면적당 가해지는 힘이 줄어 제작 기간이 늘어난다.

감: 메가패널의 장점 중 하나로 다채로운 색상을 꼽았다.
정: 도장은 품질과 직결되는 중요한 요소다. 도장이 미흡하면 시공 과정에서 쉽게 흠집이 생기고 표면이 오염된 것처럼 보인다. 그래서 도장에 특히 신경 쓴다.

색상은 페인트와 유사한 솔리드 solid color, 금속의 질감을 더한 메탈릭 metallic color, 진주빛 광택이 느껴지는 펄리센트 pearlicent color, 이렇게 세 가지다. 생산과정은 도료실에서 분체도장하는 방식으로 모두 동일하다. 질감은 도장 횟수와 도료의 종류에 따라 달라진다. 패널 전체에 색을 입히는 것은 두 차례면 충분하다. 여기에 질감을 더하려면 광도가 높은 도료를 한 차례 더 도장한다. 도장 횟수가 많을수록 고가이고, 광택이 있는 메탈릭은 솔리드 제품보다 단가가 비싸다.

색상은 페인트와 유사한 솔리드, 금속의 질감을 더한 메탈릭, 진주빛 광택이 느껴지는 펄리센트 이렇게 세 가지가 있다. 사진은 가장 선호도가 높은 솔리드 화이트 색 패널을 적용한 모습.

감: 가장 선호도가 높은 색상은 무엇인가?
정: 솔리드 화이트가 가장 인기다. 많은 건축가가 흰색을 선호한다. 하지만 흰색을 구현할 수 있는 외장재가 별로 없다. 흔하게 쓰이는 미장재인 스타코는 습식 공법이라 겨울철에는 시공이 어렵고, 쉽게 오염된다. 알루미늄은 건식 공법이라 겨울철에도 시공이 가능하다. 또한 물때만 잘 처리하면 오염 걱정이 없다.

감: 설치에 쓰이는 철물도 함께 생산한다.
정: 제품의 종류가 많으면 현장에서 관리가 어렵다. 그래서 다용도 철물을 개발했다. ㄱ자, ㅏ자, ㅑ자 모양인데, 모두 누수를 막으면서 부위마다 부족했던 부분을 해결하도록 계획했다. ㄱ자형은 창대[1], 두겁[2]을 올릴 수 있도록 제작한 제품이다. 두겁을 마감면과 동일선상에 두고 싶다면 수직 요철면을 벽체에 붙게 고정한다. 반대로 마감면보다 튀어나오게 계획했다면 수직 요철면이 위를 향하도록 한 뒤 두겁 끝을 요철면에 붙이면 된다.
　ㅏ자형은 창틀, 코너부처럼 두 부재가 맞닿는 곳에 사용하는 제품으로, 소재가 달라 이질감이 느껴지는 부위에 외장재와 동일한 질감, 색감의 철물을 적용해 통일감을 줬다.
　ㅑ자형은 수평 요철면 위, 아래에 패널을 맞춘 뒤 고정하면 심 사이로 물이 들어가는 것을 막아주는 제품이다. 길이가 길어 기준점처럼 패널을 동일한 높이로 시공하도록 안내하는 용도로도 쓸 수 있다. 또 지금까지는 심을 수직으로 배치했지만 특정 구간에 수평으로 설치하면 한 입면 안에서도 다양하게 구역을 나누는 것이 가능하다. 그밖에도 인코너, 아웃코너 등 부재를 연결하는데 사용되는 전문 부자재가 있다.

감: 제품을 디자인하고 생산하는 데 그치지 않고 시공까지 함께 진행한다.
정: 메가패널은 시공법을 완벽히 숙지해야 오랜 시간 하자 없이 사용할 수 있다. 우리는 제품에 대해 충분히 이해하고 있는 시공팀을 두어 생산부터 설치까지의 전 과정을 관리한다. 직접 시공을 원하는 경우 사전에 설치 방법을 안내하고 작업하는 동안 현장을 방문한다.

감: 어떤 건축물에 적용하면 좋나?
정: 메가패널은 생산이 빠르고 시공이 간편해 빌딩, 아파트와 같이 물량이 많은 건축물에 최적화돼 있다.
　외관을 리모델링할 때도 효과적이다. 일반적으로 리모델링은 기존의 외장재를 떼어낸 뒤 새로운 재료를 덧댄다. 하지만 메가패널은 기존의 외장재 위에 하지를 설치하고 시공하면 된다. 그동안은 직접 설계한 프로젝트나 소규모 건축물에만 적용했지만, 앞으로는 대중화에 좀 더 힘쓸 것이다.

용어정리
1) 창대: 창호의 밑틀을 받치는 수평재.
2) 두겁: 물건 위에 씌우거나 부착하는 것. 건물에서는 　　지붕이나 패러핏을 덮는 데 쓴다.

메가패널은 자체적으로 시공팀을 두어 생산부터 설치까지의 전 과정을 관리한다.

정승이(유하우스 대표)
서울과학기술대학교 건축학과를 졸업하고 (주)쌍용건설, (주)내외건축사사무소 등에서 실무 경력을 쌓았다. 현재 유한건축사사무소 U-HAUS를 운영하고 있다. 주요 작업으로 싱가포르 썬텍시티 45층 복합센터, 화정어린이도서관, 스타타워 등이 있다. 그간의 주택 설계 경험을 토대로 엮은 작품집 『살기 편한 주거공간 U-HAUS』를 비롯해 주거문화에 대한 생각을 담은 저서 3권을 출간하기도 했다.

interview 2

점과 선, 곡면이 되어 건물에 표정을 더하다

—
와이즈건축 전숙희 건축가

-
금속이면서 금속답지 않은 알루미늄. 많은 건축가가 이 이중적인 매력에 끌려 새로운 디자인을 시도한다. 와이즈건축은 재료의 장점을 최대한 살려 독특한 방식으로 알루미늄을 활용했다. 어둠속의 대화(DID) 북촌은 대나무 모양으로 자른 알루미늄을 커튼처럼 걸었고 아산나눔재단은 정확하게 제작하고 결합하는 기술에 집중했다. 부산의 수안커피는 알루미늄의 가공성을 적극 활용해 원형의 공간을 표현했다. 건축가 전숙희를 만나 외장재로서 알루미늄의 다양한 활용 방법과 그 가능성을 들었다. 인터뷰 정신오

감씨(감): 알루미늄의 장점은 무엇인가?

<u>전숙희</u>(전): 콘크리트의 경우 거푸집을 아무리 정확하게 설치해도 원료의 배합 비율, 기후에 따라 조금씩 오차가 생긴다. 같은 모양의 틀에 굽더라도 밀가루 반죽, 온도에 따라 형태가 조금씩 달라지는 붕어빵처럼 말이다. 반면 금속은 정확한 재단이 가능하다. 알루미늄은 금속의 가공성을 가지고 있으면서 동시에 '부식'이라는 한계를 극복한 독특한 재료다. 게다가 가볍기까지 하니 외장재로서 가능성이 무궁무진하다.

감: 아산나눔재단은 알루미늄의 수평, 수직 프레임이 건물 전체를 감싸면서 격자의 입면을 만든다. 그런데 외부에서는 이음새가 잘 보이지 않는다.

전: 알루미늄 패널을 고정할 때는 주로 용접 방식을 쓴다. 하지만 이 방식은 표면에 흔적이 남는다. 또 용접부 위로 먼지가 붙고 빗물이 타고 흐르면서 쉽게 오염된다. 아산나눔재단은 용접 대신 프레임 안에서 영역을 나누고 부품화해 프라모델처럼 조립했다.

감: 한 프레임당 몇 개의 영역으로 나누었나?

전: 부위마다 조금씩 다르지만 크게 실내면과 실외면, 창틀 설치부, 블라인드를 삽입하는 포켓 공간으로 나뉜다. 수직 프레임은 실내 측, 실외 측, 창틀의 좌우를 잡는 모듈로, 수평 프레임은 실내 측, 실외 측, 창대 그리고 창틀의 위를 잡는 모듈로 나뉜다. 하나의 모듈은 여러 개의 부재가 결합한 것이고, 네 개의 모듈이 만나 하나의 창이 된다.

모든 부재의 금형을 하나하나 제작하고 조립하느라 시간이 오래 걸렸지만 알루미늄의 정확한 재단과 새로운 시공법을 시험할 수 있었던 프로젝트였다.

아산나눔재단

설계 와이즈건축
위치 서울특별시 중구 신당동
대지면적 327m²
연면적 1,788.86m²
규모 지상 8층, 지하 3층
구조 철근콘크리트조
주요 마감 AL 압출커튼월
AL 복합패널, AL 블라인드
로이복층유리
완공 2017년 9월
사진 노경

사용한 알루미늄

AL 압출커튼월
규격 너비: 200mm
제조사 ㈜엠비케이
가공 레이저 커팅
표면마감 아노다이징

AL 복합패널
규격 너비: 200mm
제조사 ㈜엠비케이
가공 레이저 커팅
표면마감 아노다이징

AL 블라인드
규격 너비: 200mm
제조사 바레마코리아 유한회사
가공 레이저 커팅, 벤딩
표면마감 아노다이징

아산나눔재단은 알루미늄의 수평, 수직 프레임이 건물 전체를 감싸면서 격자의 입면을 만든다.

아산나눔재단 사무실 실내 전경.

감: 실내가 아닌 실외에 전동 블라인드(EVB, External Venetian Blind)**를 사용했다.**

전: 직사광선이 강한 유럽에서는 많이 쓰지만 국내에서는 미세먼지나 황사로 관리가 어려워 잘 쓰지 않는다. 그런데도 바깥에 사용한 것은 두 가지 이유에서다. 첫 번째는 미관이다. 아산나눔재단은 2~3층을 주차장, 나머지를 업무 공간으로 쓴다. 주차장은 창을 두지 않아도 괜찮지만 그대로 노출하면 입면의 통일감을 해친다. 그래서 일관성을 유지하는 계획이 필요했다. 두 번째는 대지 조건이다. 사옥은 서향으로 실내 깊숙한 곳까지 태양 빛이 파고들었다. 이 빛이 오랜 시간 지속되고 업무 공간의 모니터에 반사되면 눈이 쉽게 피로해지기 때문에 차양이 필요했다. 하지만 13×15m, 8층 규모의 건물 모든 면에 블라인드를 설치하려면 비용이 많이 들었다. 그래서 블라인드를 외부에 설치해 프레임 면적만큼 예산을 아끼면서 입면이 일관성을 갖도록 했다.

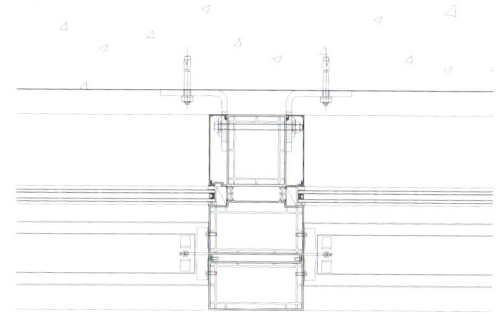

아산나눔재단 서측 입면 수직부재 단면도.

감: 블라인드는 시간에 따라서 어떻게 변하나?

전: 매 시각 각 층의 태양광 입사각을 분석하고 블라인드가 입사각과 수직을 이루게끔 기울기를 설정했다. 기울기는 총 여섯 단계로 변하고 층마다 변화 각도가 다르다. 빛이 가장 많이 들어오는 6~8층은 최대 72°까지 회전하고, 아래층으로 갈수록 빛이 적게 들어와 각도가 적게 변한다.

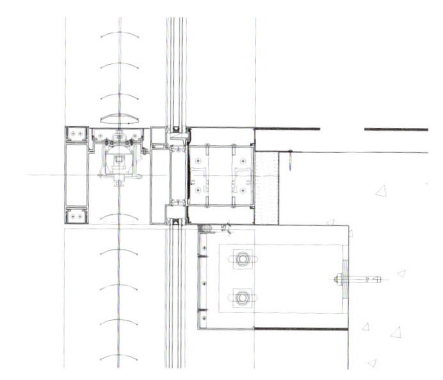

아산나눔재단 서측 입면 수평부재 단면도.

서울특별시 중구 신당동에 위치한
아산나눔재단 사옥 전경.

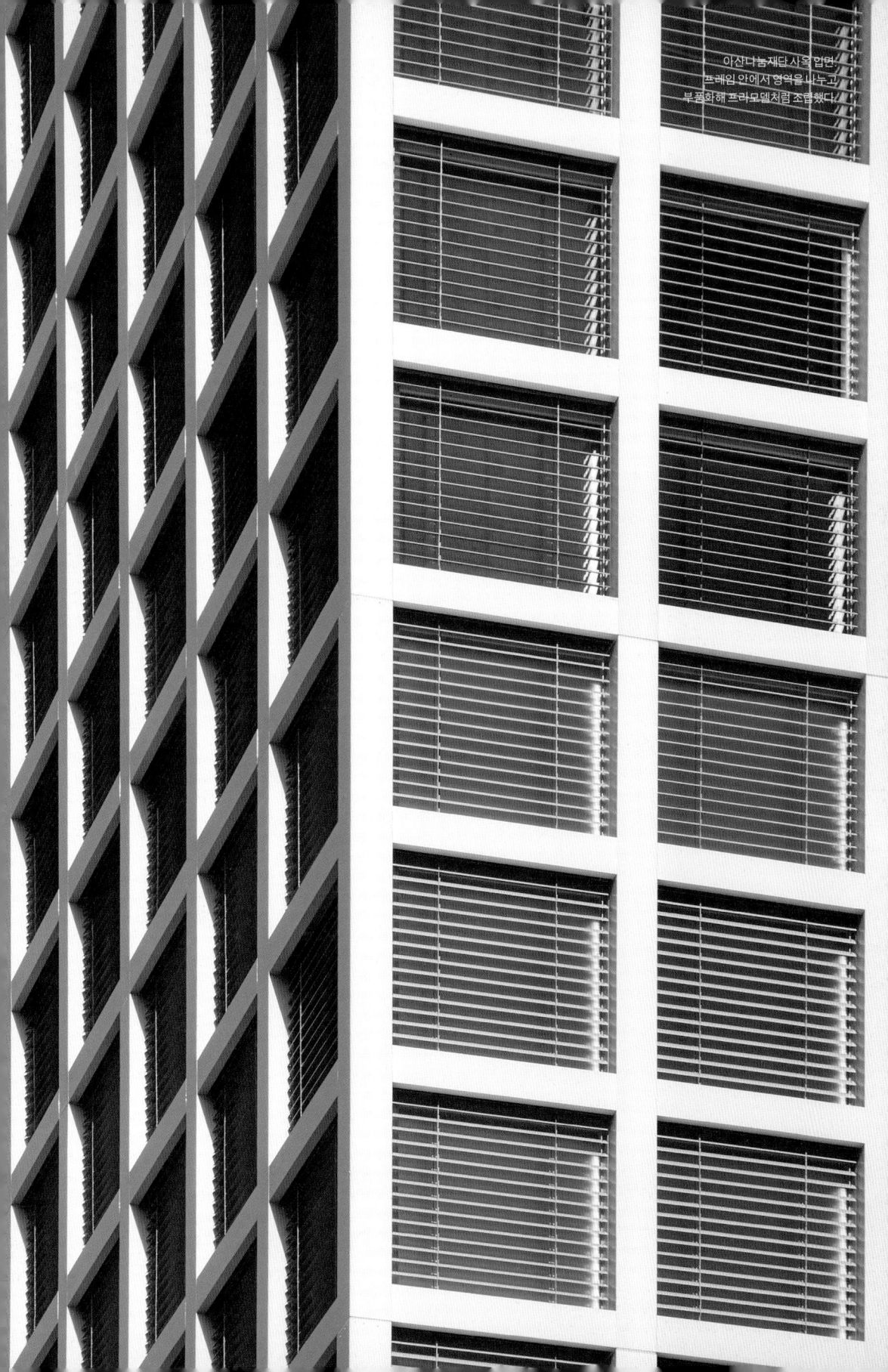

아산나눔재단 사옥 입면. 프레임 안에서 영역을 나누고 부품화해 프라모델처럼 조립했다.

서울특별시 중구 삼청동에 위치한 DID 북촌 전경.

격납고 문에 쓰이는 슬라이딩 방식을 적용해 발을 밀어서 걷을 수 있도록 했다.

어둠속의 대화 북촌(DID 북촌)

설계 와이즈건축
위치 서울특별시 종로구 가회동
대지면적 662.6m²
연면적 1344.82m²
규모 지상 3층, 지하 2층
구조 철근콘크리트조
주요 마감 송판노출콘크리트
노출콘크리트, AL 루버
완공 2014년 10월
사진 김용관

사용한 알루미늄

AL 루버

제조사 노벨리스코리아
가공 워터젯 커팅
표면마감 아노다이징

감: 비슷하지만 다르게 DID 북촌은 알루미늄 발로 2~4층의 입면을 덮었다.

전: 〈어둠속의 대화〉는 독일에서 처음 시작한 전시로, 어둠에서 일상을 체험함으로써 시각장애인의 고충을 간접적으로 경험하기 위해 기획됐다. 지금은 세계 곳곳에서 진행되고 있지만, 전용관은 한국이 최초다. 최초 전용관인 만큼 한국적 요소를 더하려 했다. 입면에 사용한 '발'은 한국과 어둠이라는 두 키워드에 동시에 부합하는 요소다. 발은 대나무를 얇게 켠 뒤 면사로 꼬아서 공간에 거는 가림막으로, 공간의 경계이면서 시선은 통하도록 하는 독특한 장치다. 영어로는 'blind'로, 앞을 볼 수 없음을 뜻하기도 해 어둠을 한국적으로 표현하기에 안성맞춤이었다.

하지만 습도가 높고 강수량이 많은 우리나라에서 대나무 발을 외장재로 사용하려면 방부처리를 해야 했다. 방부처리를 하면 목재 고유의 물성을 잃는 것이나 다름없다. 구색만 갖추기보다는 재료의 물성을 유지하면서 발의 느낌을 표현할 수 있는 재료를 찾았고, 가벼우면서 부식에 강한 알루미늄을 선택하게 됐다.

감: 알루미늄 발은 어떻게 만들었나?

전: 먼저 워터젯으로 알루미늄 판을 재단해 세장한 발을 만들고 갈색으로 도장했다. 그리고 스테인리스 스틸 실로 발을 고정했다. 발을 고정하는 과정에도 여러 시행착오가 있었다. 처음에는 전통 발처럼 실을 8자로 꼬고 구멍 사이에 발을 고정하는 방식을 계획했다. 하지만 스테인리스 스틸의 실 사이에 끼우면 맞닿는 면이 마모돼버렸다. 그래서 발의 양 끝에 구멍을 내고 실을 관통했다. 또 간격을 일정하게 유지하도록 발 사이에 탄성력 있는 아세탈 구슬을 끼웠다.

감: 발은 필요에 따라 젖힐 수 있도록 했다.

전: 초반에는 실제 대나무 발처럼 돌돌 말아서 걷는 방식을 고려했다. 하지만 마는 과정에서 스테인리스 스틸 실의 바깥면이 끊어질 수 있었다. 그래서 차용한 것이 격납고 문에 쓰이는 슬라이딩 방식이다. 흔히 쓰는 방식이지만 발처럼 패브릭 성격이 강한 장치에는 시도한 적이 없어 구조를 계산하고 풍동시험을 진행하느라 시간이 좀 걸렸다.

워터젯으로 알루미늄 판을 세장하게 재단하고 갈색으로 도장해 대나무 발처럼 보이게 했다.

부산광역시 동래구 수안동에 위치한 수안커피 전경.
외부의 원주에 맞춰 패널을 벤딩했다.

수안커피

설계 와이즈건축
위치 부산광역시 동래구 수안동
대지면적 952m²
연면적 548.24m²
규모 지상 2층
구조 철근콘크리트조, 철골조
주요 마감 알루미늄 벤딩패널
저철분 곡면 로이복층유리
완공 2018년 3월
사진 노경

사용한 알루미늄
제품명 AL 벤딩패널
규격 1,050×5,000mm
제조 노벨리스코리아
가공 레이저 컷팅, 벤딩

감: 부산의 수안커피는 곡면의 알루미늄 패널을 적용했다.

전: 수안커피는 '정확한 비율', '매뉴얼'이라는 철학을 바탕으로 설립된 커피 브랜드다. 우리는 이를 공간에 반영하고자 '커피 연구실(lab)'로 콘셉트를 잡았고, 연구실을 연상케 하는 알루미늄을 선택했다. 알루미늄은 회색에 차가운 질감으로 연구실의 이미지와 잘 어울린다. 또 가벼우면서 곡면으로 쉽게 가공할 수 있다.

감: 알루미늄 패널부터 실내의 유리 벽까지 곳곳에서 곡선을 찾을 수 있다.

전: 카페가 자리한 곳은 오래된 사택지로, 부지는 사택이 지어질 때부터 있던 정원이었다. 우리는 조경가에게 부탁해 남겨둘 수목을 골랐다. 그러고 나니 정원의 중심에 자연스럽게 타원형의 공터가 생겼다. 그 모습이 원두의 모습과 닮아 공터의 형태 그대로 설계를 진행하게 됐다. 형태뿐 아니라 지붕에서도 곡선을 찾을 수 있다. 로스팅실 위로 원자재인 생두를 보관하는 창고가 있어 지붕 한쪽이 0.5층 높이만큼 볼록하게 올라와 있다. 직선의 경사형 지붕도 가능했지만 원형의 형태와 통일감을 갖도록 곡면으로 계획했다.

감: 평면, 입면 모두 곡선인 만큼 패널을 설치하는 데 어려움이 있었을 듯하다.

전: 패널을 바깥의 원주에 맞춰 정확하게 제작하더라도 하지 철물을 수작업으로 설치하기 때문에 조금씩 오차가 생긴다. 패널의 곡률을 맞추다 보면 지붕과 맞닿는 모서리의 곡선이 끊어졌고, 지붕의 곡선을 유지하면 패널의 곡면이 우그러져 올록볼록하게 튀어나왔다. 결국 패널의 고정부위를 상하부에서 중심으로 바꿨다.

수안커피 내부 전경. 공간의 중심에 바를 두고, 테두리를 따라 곡선으로 의자와 테이블을 배치했다.

감: 앞으로 알루미늄을 활용하고 싶은 분야가 있다면?
전: 지금까지 알루미늄을 여러 프로젝트에 적용하면서 두께, 길이 등 그 한계점을 확인했다. 어떻게 사용해야 하는지 알았으니 더 다양한 분야에 적용하고 싶다.

특히 가구에서의 활용이 기대된다. 지금까지는 비, 바람과 같은 기후적 요소에 안전하도록 계획했지만, 가구는 상대적으로 고려 사항이 적으니 더 다양하게 시도할 수 있을 것이다.

전숙희(와이즈건축 건축가)
와이즈건축은 장영철과 전숙희가 이끄는 건축디자인 집단이다. 건축, 예술 프로젝트를 기획하고 실행하며, 여러 집단과 연계하여 건축놀이 활동을 지속하고 있다. 최근 장영철은 가라지가게로 누구나 쉽게 사고 만들 수 있는 빼빼한 막대나무 가구와 함께 디자이너 협업 플랫폼을 구축하고 있다. 전숙희는 노령화 사회, 노후화 도시에 관심을 갖고 '건축 다시 쓰기 프로젝트', '2nd cycle' 등의 다양한 방법을 탐색한다.

interview 3

거대한 건물을 가르고 빛을 들이다

**해안종합건축사사무소
차지웅 수석**

—
세계적인 건축가 데이비드 치퍼필드의 설계로 화제를 모았던 용산 아모레퍼시픽그룹 사옥은 완공되자마자 서울을 대표하는 랜드마크로 자리 잡았다. 국내 협력 설계사무소였던 해안종합건축사사무소에서 설계부터 시공까지 5년이 넘는 기간 동안 작업을 총지휘한 차지웅 수석은 "이 건물의 강력한 콘셉트는 단순하면서도 명확한 형태다. 알루미늄 루버는 단순한 형태가 만들어낸 거대한 입면을 촘촘히 쪼개고, 날씨와 시간에 따라 달라지는 빛에 반응해 건물 안팎의 장면을 계속해서 변화시키며 디자인을 완성한다"고 말한다.

인터뷰 **정경화**
사진 제공 **㈜아모레퍼시픽**(별도 표기 외)

감씨(감): 아모레퍼시픽그룹 사옥은 설계 건축가, 규모, 디자인 등 여러 면에서 화제가 되었다. 해안종합건축사사무소에서는 어떤 역할을 담당했나?

차지웅(차): 2010년 초, 서울시에서 도시환경정비 사업의 일환으로 용산 일대를 개발하면서 사옥 부지 주변에 고층 건물이 연이어 지어졌다. 아모레퍼시픽그룹 사옥 건설 사업도 그런 흐름에 맞추어 시작됐다. 건축주는 네 곳의 설계사무소를 초청해 현상설계를 진행했고, 데이비드 치퍼필드 아키텍츠David Chipperfield Architects의 설계안이 최종 당선되었다.

우리는 국내 협력 설계사무소로 기존의 계획안이 완성도 있게 구현되도록 조율하는 역할을 했다. 초기 설계 단계에서는 대관업무를 담당했고 디자인 개발 단계에서는 현상설계 당선안을 바탕으로 3~4년 동안 당선된 설계사무소와 함께 설계를 진행하면서 각자 계획안을 발전시켰다. 착공 이후 10개월 동안은 아예 현장에 상주하면서 시공부터 감리까지 발주처, 데이비드 치퍼필드 아키텍츠와 협업했다.

아모레퍼시픽그룹 본사

설계 DCA(David Chipperfield Architects), ㈜해안종합건축사사무소
위치 서울특별시 용산구 한강대로 100
대지면적 14,525m²
연면적 188,902m²
규모 지상 22층, 지하 7층
구조 철근콘크리트조, 철골조
마감 알루미늄 루버
투명 삼중유리
완공 2018년 6월

감: 프로젝트를 하는 동안 가장 어려웠던 점은 무엇이었나?

차: 가로, 세로, 높이가 각각 약 100m에 이르는 거대한 형상은 각종 심의와 허가가 때마다 이슈였다. 대규모 건물을 하나의 볼륨만으로 구현하는 것이 타당한지, 주변과 어울리는지에 대한 지적이 많았다. 건축가가 제안한 디자인이 논리적으로 합당함을 오랫동안 입증하고 설득해야 했다.

감: 데이비드 치퍼필드 아키텍츠가 계획한 디자인 개념을 간략히 소개해 달라.

차: 아모레퍼시픽그룹 사옥은 네 개의 코어로 이루어져 있다. 이는 코어가 하나인 일반적인 건물보다 규모가 네 배 이상 크다는 의미다. 데이비드 치퍼필드 아키텍츠는 이 거대한 규모를 단일 건물로 명쾌하게 제안했다. 대신 직육면체 형상의 삼면을 뚫어 공간을 비우고, 비워진 외부 공간을 활성화했다. 외부 공간을 계획할 때는 밖에서 바라보며 건물을 간접적으로 경험하는 사람까지 함께 고려했다. 5, 11, 17층의 보이드 공간은 삼면이 열려 있어 건물 내에서는 정원이 되고, 도시 안에서는 도심과 공원을 잇는 역할을 한다. 건물 안팎의 모두에게 풍경을 바라보는 시야를 열어주는 셈이다.

감: 입면은 알루미늄 핀(이하 루버)이 투명한 유리를 감싸는 형태다.

차: 입면의 첫 번째 켜인 유리는 실내에 풍경을 들이며 주변과 조화를 이룬다. 두 번째 켜인 알루미늄 루버는 투명해서 자칫 가벼워 보일 수 있는 유리 건물에 무게감을 준다. 또 그늘을 만들어 직사광선으로 인한 눈부심을 막아주고 건물의 열하중을 낮춘다. 두 켜가 조화를 이루면서 실내의 70%가 넘는 공간에 한층 건강한 자연광이 드나든다.

루버는 디자인 언어의 역할도 한다. 아모레퍼시픽그룹 사옥은 한 기업의 업무 공간임에도 미술관, 레스토랑 등 공공 공간으로 기능이 다양하다. 루버는 거대한 유리 육면체를 쪼개면서 건물이 여러 기능을 수행함을 디자인적으로 드러낸다. 이외에 격자 형태로 디자인한 실내 천장에도 알루미늄 루버를 사용했다. 가볍고 경쾌한 느낌을 주기 위해 알루미늄을 선택했고, 분체도장으로 마감했다.

감: 지느러미와 같은 유선형의 루버는 폭이 조금씩 달라 공간의 안팎으로 경쾌한 변화를 연출한다.

차: 200, 250, 350, 450mm의 네 가지 규격이 있고, 제일 넓은 450mm는 사람 한 명의 폭과 비슷할 정도로 거대하다. 초반에는 정형 루버를 규칙적으로 배치했으나 전체 높이가 100m에 달하다 보니 저층부와 최상층에서 진동, 기후 등의 차이가 심했다. 풍동시험을 비롯한 여러 테스트를 거치며 바람으로 인한 소음이나 진동을 최소화하는 형태로 프로토타입을 만들었다. 그 결과 정형에서 주변 상황에 좀 더 유연하게 대응하는 유선형으로 바뀌었고, 간격도 몇 가지 종류로 다양해졌다.

감: 루버의 배치는 어떻게 계획했나?

차: 기둥 간격에서 시작된 그리드는 화강암 바닥재의 규격, 천장의 루버 디자인과 조명 배치, 유리 파티션의 폭 등 건물 안팎의 크고 작은 디자인으로 이어진다. 저층부 입면을 이루는 유리 파티션의 폭은 기둥 간격인 8,100mm를 삼등분하고, 커튼월 바는 이를 다시 이등분한 1,350mm간격으로 놓인다. 이 1,350mm는 입면의 기본 모듈이기도 하다. 한 모듈당 4~5개의 루버를 배치하고, 이렇게 계획한 모듈을 조합해 입면을 디자인했다. 안팎으로 사람들이 오가는 중정 쪽은 열린 느낌이 들도록 루버의 간격을 더 넓게, 건물 바깥쪽의 네 입면은 조금 더 촘촘하게 배치했다.

격자 형태로 디자인한 실내 천장에도 가볍고 경쾌한 느낌을 주기 위해 알루미늄 루버를 적용했다.

기둥 간격에서 시작된 그리드는 입면과 실내 천장의 루버 디자인,
유리 파티션의 폭 등 건물 안팎의 크고 작은 요소로 이어진다.

감: 입면에는 4.5~7m 높이의 루버가 총 2만 1,500개 사용됐다. 입면을 시공하는 과정에서 특별히 고려한 점이 있다면?

차: 입면의 중요한 디자인 요소는 유리 커튼월과 알루미늄 루버가 이루는 각각의 켜가 서로 간격을 두고 떨어져 있는 것이었다. 이를 구현하기 위해 두 입면 사이에 캣워크라는 전이 공간을 뒀다. 본래 무대 위에서 조명 연출을 돕는 좁은 통로를 뜻하는 단어로, 이곳에서도 마찬가지로 통로 겸 사이 공간이자 두 입면을 분리하는 역할을 한다. 각 층 바닥의 위치에 맞춰 설치된 캣워크는 루버를 고정하면서 하중을 건물의 구조체로 전달한다.

시공사에서 입면을 시공할 때 가장 심혈을 기울인 부분은 커튼월과 캣워크, 루버가 일체화되어 깔끔하게 보이는 것이었다. 캣워크는 철재로 구조체를 짜고 알루미늄 그릴로 마감해 입면과 통일감을 높였고, 접합 부위는 최소한의 크기로 디자인했다.

감: 알루미늄은 아노다이징하는 경우가 많은데, 불소수지도장을 했다.

차: 초기에는 고유한 물성이 가장 잘 드러나는 아노다이징으로 계획했다. 그러나 외장재로 쓰는 만큼 색상이 오래 가고 오염이 적게 되도록 별도의 도장이 필요했다. 폴리세라믹도 고려했으나 최종적으로는 내구성이 뛰어나고 표면이 더 깔끔한 불소수지 도장으로 결정했다.

감: 루버를 사용하면서 느낀 알루미늄의 장점과 단점이 있다면?

차: 알루미늄은 가볍고 틀에 넣고 짜내는 압출 방식으로 성형할 수 있어 다루기가 쉽다. 여러 가지 표면처리가 가능해 디자인에 변화를 주기에도 좋다. 단점은 다른 금속에 비해 내구성이 낮고 구조적으로 약하다. 이를 보완하기 위해 루버 표면에 미세한 돌기를 만들어 자체 강도를 높였다. 또 폭이 넓은 루버는 철재 구조체를 짠 후에 알루미늄으로 마감하는 방법으로 구조를 보강하기도 했다.

또 다른 단점은 평활도가 낮다는 것이다. 알루미늄 외장재로 시공한 건물은 멀리서 보면 입면이 평평하지 않을 때가 있다. 알루미늄 패널을 크게 쓰지 못하고, 패널보다 루버를 많이 사용하는 것도 이 때문이다. 평활도를 높이기 위해 두께를 두껍게 하는 것에도 한계가 있으므로 알루미늄 복합패널을 쓰는 것이 좋고, 평활도가 바로 드러나는 일자형보다는 비정형 루버가 유리하다.

△ 캣워크는 통로 겸 사이 공간으로 알루미늄 루버와 유리 커튼월 입면을 분리하는 역할을 한다.
△▷ 루버의 강도를 높이기 위해 표면에 미세한 돌기를 만들었다.

알루미늄 루버가 만드는
입면은 투명해서 자칫 가벼워
보일 수 있는 유리 건물에
무게감을 준다.

차지웅(해안종합건축사사무소 수석)
㈜해안종합건축사사무소는 1990년 설립된 건축설계 회사로, 900여 명의 임직원이 디자인을 통한 가치창출을 위해 건축, PCM, 도시, 조경, EV, 인테리어, 녹색건축 등 다양한 분야에서 창의적 작업들을 해오고 있다. 아모레퍼시픽그룹 본사 프로젝트를 총괄한 차지웅은 2012년 해안종합건축사사무소에 입사하여 여러 프로젝트를 진행해왔다. 주요 근작으로 법무부 기록관, 판교 텔레칩스 사옥, 파라다이스 호텔, 워커힐 리조트 풀앤스파 등이 있다.

Aluminum in Connection Space

경계 공간의 알루미늄

현대 도시의 상징인 고층의 커튼월 건물은 알루미늄을 주 재료로 사용하는 대표 건축 양식 중 하나다. 건물과 도시의 경계를 이루는 알루미늄 커튼월과 창호 시스템을 소개한다.

Aluminum Curtain Wall

가볍고 투명한 건축을 이루는 중간재

커튼월 curtain wall 은 철근콘크리트조, 철골조 등의 건물에서 기둥, 보, 바닥 등 구조부의 외부를 수직 방향으로 막는 비내력벽을 일컫는다. 커튼월과 창틀의 소재로는 주로 철재가 사용되었으나 알루미늄의 등장 이후 빠르게 대체됐다. 건축의 외피와 구조 사이에 사용하는 알루미늄 커튼월에 대해 알아보자. 글 편집팀

알루미늄 커튼월

일반적으로 사용하는 유리창호 커튼월은 알루미늄과 같은 경량금속 창틀을 외벽 구조체에 고정하고, 단열 성능이 있는 복층유리로 마감해 투명한 외벽을 만드는 시스템을 통칭한다. 규격화된 조립 방식을 사용해 시공이 간편하고 경제적인 것이 장점이다(감08 유리편, 감10 창호편 참고). 국내에서 커튼월은 대개 유리창호 알루미늄 커튼월을 지칭하고, 유리 커튼월 또는 복층유리 커튼월 시스템이라 부르기도 한다.

알루미늄은 무게가 가벼워 건물의 자중을 줄이는 데 큰 역할을 한다. 또한 공장 제조 방식으로 공기가 짧고, 품질 관리에 유리하다. 무엇보다 두께가 얇아 플라스틱 소재의 프레임보다 시각적인 개방감이 크다. 그러나 현장 가공에 의한 조정이 어렵고 평면적인 외관에는 유리하지만 비정형 외관에는 불리하다. 층고가 높거나 풍압과 같은 수평 외력이 강한 경우, 알루미늄 프레임이 견디지 못하기도 한다. 또 기준 층고가 4,000mm 이상이면 보강재를 추가해야 한다.

커튼월은 노출 방식에 따라 노출 프레임 커튼월, 비노출 프레임 커튼월, 무창틀 방식으로 나뉜다. **노출 프레임 커튼월**은 열전달률이 높은 알루미늄의 특성 탓에 열교 현상이 발생하고 에너지 효율이 떨어진다. 때문에 복층유리의 공기층에 맞추어 단열선de-bridged area을 만들고 내외부 프레임을 폴리아미드polyamide strips, 에틸렌 프로필렌 고무(EPDM)와 같은 소재의 단열바로 분리해야 한다. **비노출 프레임 커튼월**은 수평 프레임 노출 방식과 수직 프레임 노출 방식이 있다. **무창틀 방식**은 포인트 고정 시스템과 크램프 창호 시스템, 유리핀 고정 시스템이 있는데 대부분 알루미늄보다는 철재 하드웨어를 사용한다.

알루미늄 커튼월 제조 방법

먼저 원자재인 6060, 6005, 6060, 6082, 6010 알루미늄 합금 괴를 녹이고 가스나 비금속 물질을 제거해 적정 품질을 맞춘다. 이를 주조해 형태를 만들고 균질화하는 과정을 거치면 일정한 크기의 빌렛이 완성된다. 제작한 빌렛을 450~500℃의 온도로 가열한 다음, 형틀이 설치된 작은 구멍으로 밀어 넣어 원하는 형태로 성형한다. 성형품은 냉각, 평탄도를 맞추는 공정, 내부 잔류응력을 줄이기 위한 인장 교정을 거쳐 압출형재로 완성된다. 마지막으로 아노다이징이나 전착도장 등의 방법으로 표면을 가공해 다양한 색상을 입힌다.

알루미늄 커튼월 시스템과 공법

알루미늄 커튼월은 설치 방법에 따라 고정 시스템stick system, 유닛 시스템unit system, 두 가지를 혼합한 유닛수평 시스템unit and mullion system, 패널 시스템panel system 등으로 나뉜다. 국내에선 고정식과 유닛 방식 두 가지를 주로 사용한다. **고정 시스템**은 가장 기본 공법으로 커튼월의 구성부재를 현장에서 하나씩 조립한 뒤 수직부재, 수평부재, 패널, 유리창 순으로 시공한다. **유닛 시스템**은 커튼월의 각 구성부재를 공장에서 미리 조립해 하나의 대형 패널을 만들고 현장에 운반해 시공하는 방법이다. 패널, 유리 등 자재의 가공과 조립이 모두 공장에서 이루어지므로 자재의 품질을 높일 수 있다. 또 건물의 이동 하중에 의한 층간 수직변위 대응 능력이 뛰어나 고층 건물에 적합하다. 커튼월 도입 초반에는 각 구성부재를 현장에서 하나씩 조립해 설치하는 고정 시스템이 많았으나 고층 건물에 유리한 유닛 시스템이 확대되면서 국내 또는 미국 지역의 고층 건물에서는 대부분 이 공법을 사용한다.

국내 커튼월 업체 현황

국내 커튼월 시장은 1990년대 후반, 대형 주상복합건물이 지어지면서 성장하기 시작해 2000년대 후반까지 지속됐다. 주로 일지유니스코, 알루이엔씨, 현대알루미늄, 알루텍 등 주요 중견 업체들이 시장을 이끌었다. 2010년대에 접어들어 LG하우시스, KCC, 금호석유화학 등의 대기업들이 진입하기 시작했고, 지금은 전체 시장 규모의

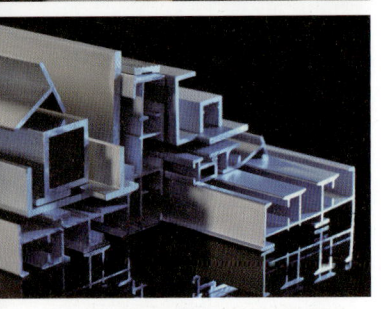

알루미늄 괴를 녹이고 주조해 빌렛을 만든 다음, 원하는 형태로 압출해 커튼월 자재를 완성한다.

국립중앙박물관의 실내 전경.
커튼월 입면을 통해 로비에 빛이
드리운다.

약 30~40%를 장악하는 수준에 이르렀다. 시장 구도가 대폭 변함에 따라 일부 업체들은 무리한 저가수주로 인해 사업을 접었다. 꾸준히 하락하던 시장은 2012년 다시 성장세를 보였으나, 2017년 이후 대규모 프로젝트가 사라지며 다시 반감했다. 가격경쟁이 심화되면서 LG하우시스와 KCC, 금호석유화학 등의 대기업은 아예 커튼월 사업을 접거나 축소했다.

정확한 통계는 없지만 업계에서는 국내 커튼월 시장의 규모를 2019년 기준 1조 3,500억원 정도로 예상한다. 100여 곳의 업체가 경쟁하고 있고, 일진유니스코, 알루이엔씨, 현대알루미늄이 상위권을 차지한다. 그 밖에 이건창호, 다중씨엠씨, 남선알미늄, 신양금속공업 등도 적지 않은 물량을 소화하고 있다.

알루코그룹은 1956년 철제가구 제조업체인 동양강철공업으로 시작해 1992년 동양강철로, 2015년 지금의 회사명으로 바뀌었다. 연간 19만 2천t의 주조 알루미늄과 14만 3천t의 압출 알루미늄을 생산한다. 알루미늄 원자재 주조와 소재를 개발하는 알루텍부터 금형을 만들고 가공, 시공까지 담당하는 알루코, 그리고 현대알루미늄까지 일괄 계열사가 있다. 알루코는 주로 알루미늄 압출과 자동차 부품 등 기타 산업용 소재를 제조하고, 현대알루미늄은 커튼월의 설계와 시공, 알루미늄 거푸집과 태양광발전 부품소재를 생산한다.

알루이엔씨는 창호를 이용해 에너지를 절감하고, 신재생에너지 관련 외피 기술을 개발하는 에너지 전문 기업으로 눈에 띄는 행보를 보이고 있다. 최근 명동 대신증권 업무시설이나 한국타이어 R&D 업무시설, 서울숲 트리마제 등 굵직한 프로젝트를 시공했고, 특히 에너지 관련 기술에 강세를 보인다. 알루미늄 가공 기술과 단열커튼월, 태양광창호와 하이퍼윈도우 등 친환경 제품 생산과 시공 기술에도 특화되어 있다.

Interview

알루미늄 커튼월, 그다음을 생각하다

알루미늄은 가벼움과 우수한 강도라는 상반된 요소를 함께 갖춰 고층 빌딩의 커튼월과 창호에 주로 사용된다. 알루이엔씨는 2001년 커튼월 시공사업으로 시작해 지난해 매출 기준, 약 1,200억 원 규모의 에너지 전문 기업으로 성장했다. 알루미늄 커튼월을 시공하면서 에너지 문제를 고민한 덕에 에너지 절감, 신재생에너지 활용을 위한 시스템 개발에 집중해 건물 일체형 태양광(BIPV, Building-Integrated Photovoltaic) 시스템과 삼중창호 시스템, 스마트창호 시스템 등 다양한 외피 기술을 개발했다.

인터뷰 **심영규** 인터뷰이 **알루이엔씨 박정혁 전무**

감씨(감): 다른 커튼월 시공 기업과 비교해 알루이엔씨의 차별점은 무엇인가?

박정혁(박): 알루미늄 품질 자체에는 차이가 없다. 국내에선 알루미늄을 생산하지 않고 원자재인 알루미늄 괴를 수입해 각 업체에서 압출한 것을 사용하기 때문이다. 반면 시공 분야에서는 몇 가지 장점이 있다. 우리는 충청북도 음성에 1만 2,000평 규모의 공장을 두어 납품 기한을 최대한 단축한다. 또한 마곡에 위치한 코오롱 그룹의 연구개발 센터인 원앤온리 타워의 알루미늄 커튼월과 잠실 롯데월드 타워의 알루미늄 패널 캐노피를 시공했고, 위드웍스(p.130 참고)와 함께 갤러리아 백화점 광교 프로젝트에도 참여하는 등 난이도 높은 작업을 여러 차례 진행하며 노하우를 쌓아왔다.

감: 최근 친환경이 이슈가 되면서 단열이나 에너지 성능이 중요해졌다. 이러한 흐름에 맞춰 최근에는 BIPV시스템을 개발했다.

박: BIPV시스템은 건물 입면에 외장재 대신 태양전지 모듈을 설치하는 시스템이다. 일반 PV(태양광전지)를 쓰면 별도의 설치 면적이 필요하기 때문에 옥상을 제외하면 태양광발전 시스템을 설치하기가 어렵다. 결국 외부 커튼월에 태양광발전 시스템을 결합한 BIPV가 해답이다.

우리는 모듈의 생산부터 건물에 맞는 시스템의 설계와 시공까지 일괄적으로 진행한다. BIPV프레임의 형태에 따라 태양광 모듈을 가리거나 노출할 수 있고, 전선을 감추고 유지보수가 쉬운 프레임 디자인을 개발해 특허도 보유하고 있다. 실제로 열관류율 기준 에너지 소비효율 1등급을 받은 알루미늄 프레임을 을지로 대우건설 사옥과 송파 오벨리스크 프로젝트에 적용했다.

감: 이외에 고성능 삼중유리 시스템, 결로 저항성과 보조난방이 가능한 발열유리 시스템 같은 스마트 창호제품도 개발했다.

박: 하이퍼 윈도우는 국내 최초로 개발한 삼중유리 커튼월 시스템으로, 용산 재개발 2, 3구역과 서울숲에 위치한 주상복합 건물인 트리마제에 적용했다. 여름에는 유리가 짙은 군청색으로 바뀌며 태양의 적외선을 차단해 실내로 유입되는 열에너지를 줄여준다. 반대로 겨울에는 태양빛을 가능한 한 많이 받아들여 난방비를 절감한다.

그러나 직접 원자재를 생산하고 있지 않다 보니 원가 경쟁력을 갖추기가 어렵다. 차별화할 수 있는 방법은 현장 공기를 단축해 인건비와 관리비를 줄이는 것이다. 이를 위해 공장의 규모를 키우고 기계설비를 꾸준히 늘리고 있다. 지난해에는 국내에 몇 대 없는 비정형 가공 CNC기계를 도입했다. 앞으로 삼중유리 커튼월 시스템을 초고층 건물용과 아파트·주택용으로 구분해 소비자들이 보다 쉽게 제품을 적용할 수 있도록 할 예정이다.

감: 국내 알루미늄 커튼월의 시장은 아직 한계가 있다. 앞으로의 시장은 어떨 것이라고 보나?

박: 국내 커튼월 시장은 앞으로 규모가 점점 축소될 것이다. 해외의 경우는 창문이 작은 편이지만, 국내에서는 크고 넓게 보이는 파노라마 창을 선호한다. 단열 성능은 결국 유리가 좌우하는데, 유리의 성능은 이제 한계에 다다랐다. 대신 결로, 단열 등과 같은 에너지 문제, 환기 등 주거환경의 쾌적지수를 평가하는 요소가 중요해질 것이다. 비정형 건물에도 주목하고 있다.

BIPV 프레임 종류

1 CAPTURE
2 4-SIDE
3 2-SIDE
4 유지보수를 고려한 프레임

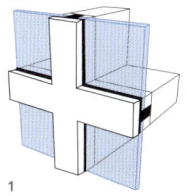 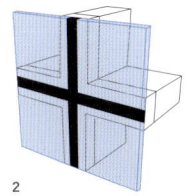 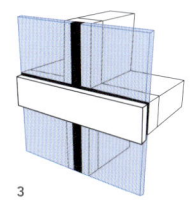 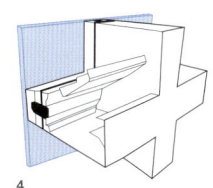

1　　　　　2　　　　　3　　　　　4

Aluminum in Interior Space

실내 공간의 알루미늄

알루미늄의 경량성이 특히 큰 역할을 하는 곳, 바로 실내다. 추락 위험이 있는 천장, 들고 이동하는 캠핑 도구는 무게에 따라 실용성이 판가름 난다. 특유의 경량성으로 공간의 크고 작은 것들을 만들어내는 실내의 알루미늄 자재를 살펴보자.

Aluminum Material inside the Space

가벼움으로 공간에 다양성을 더하는 내장재

알루미늄의 경량성은 실내에서 빛을 발한다. 무게 때문에 철로는 마음껏 구현하지 못했던 천장과 파티션이 알루미늄으로 대체되면서 성능과 디자인이 강화됐다. 또 표면처리 과정을 통해 다른 금속에서는 쉽게 접할 수 없던 색으로 가구를 만들기도 한다. 파티션부터 가구, 천장까지 공간을 채우는 알루미늄 요소들을 살펴보았다. 글 정신오

고려 요소: 내구성 > 경량성 > 심미성

매일 머무르고 생활하는 공간인만큼 **내구성**이 중요하다. 실내의 알루미늄은 강도가 높은 5000계열, 6000계열의 합금을 많이 쓴다.

또 다른 장점은 **경량성**이다. 알루미늄은 금속이면서도 무게가 가벼워 철의 대체재로 쓰이는 경우가 많다. 이는 구조체가 지탱해야 할 하중을 줄여주어 자재비용을 절감시킨다. 또, 다른 금속 가구보다 운반이 쉬워 고정식 가구는 물론, 캠핑용으로 쓰이는 이동식 가구에도 안성맞춤이다.

마지막으로 **심미성**이다. 알루미늄은 주조, 압출 과정을 통해 다양한 형태로 만들 수 있다. 또 표면처리와 후가공으로 여러 질감과 색을 낼 수 있어 활용도가 높다.

실내 파티션(칸막이벽)

특징 실내에서 사무실, 휴게실 등의 공간을 구분하는 파티션은 대부분 알루미늄으로 프레임을 만든다. 얇게 압출한 경량 철골을 쓰기도 하지만 강도가 낮아 작은 힘에도 금세 휜다. 반면 알루미늄은 가벼워서 2~3mm로 두껍게 사용할 수 있다.

파티션은 대부분 두 가지 규격을 쓴다. 첫 번째는 높이가 1,100~1,200mm인 것으로, 한 공간 안에서 영역을 나눌 때 사용한다. 프레임 사이에는 MDF나 합판에 패브릭을 덧댄 패널이나 강화유리를 많이 쓴다. 조립 기둥을 이용하면 2~4개의 패널을 덧붙여 ㄱ자, ┬자, ┼자로 만들 수 있다.

두 번째는 바닥부터 천장까지 설치하는 것으로, 한 공간 안에 여러 실을 만들 때 쓴다. 주로 회의실, 공유 작업실의 개인 공간에 적용된다. 간혹 파티션을 밀어서 여닫는 슬라이딩 방식으로 계획하기도 는데, 이를 가능케 하는 레일 역시 알루미늄이다.

실내에서 사무실, 휴게실 등의 공간을 구분하는 파티션은 대부분 알루미늄으로 프레임을 만든다.

알루미늄 가구

특징 금속 가구라고 하면 대부분 철제 가구를 떠올린다. 그러나 최근에는 가공성과 경량성을 겸비한 알루미늄 가구가 주목받고 있다. 알루미늄은 가공이 쉬워 목재나 석재보다 쉽게 형태를 만들 수 있다.

알루미늄을 가구에 적용하는 또 다른 이유는 다양한 표면처리 방식 때문이다. 알루미늄은 아노다이징을 비롯해 도금, 도장 등 표면을 여러 방식으로 가공할 수 있다. 건축사사무소 에스오에이(SoA)의 건축가 이치훈은 "철재는 빛을 완전히 반사하는 반면 알루미늄은 빛을 머금으면서 반사해 더 따뜻한 느낌을 준다"고 말한다.

가구에서 알루미늄은 대개 하중을 버티는 구조재 역할을 한다. 단, 철보다 강도가 낮기 때문에 다른 물성을 이용해 하중을 지탱한다. 캠핑용 가구를 만드는 헬리녹스의 경우 텐트폴의 탄성 원리를 적용해 이동식 의자를 개발했다(p.92 참고). 원료로는 합금 중에서도 강도가 높은 6061, 6063을 주로 사용한다.

한옥의 처마를 모티브로 디자인한 알루퍼스의 트라이앵글 테이블.

알루미늄 천장재

특징 승강장, 학교, 공항 등 수시로 설비를 점검해야 하는 공간에서는 천장을 완전히 고정하지 않는다. 하지만 이 방식은 지진 같은 자연재해가 발생하면 탈락하여 큰 피해를 줄 수 있다. 때문에 금속 천장재를 쓰는 경우 대부분 가벼운 알루미늄을 사용한다.

    종류는 패널과 루버로 구분한다. 패널은 주로 아파트 입구, 주차장에 쓰는 천장재로, 크기는 300, 450, 600mm를 사용한다. 루버는 호텔과 같이 고급스러움을 강조하거나 아트리움이 있는 공간에 쓰는 천장재다. 형태에 따라 직선형과 격자형으로 나뉜다. 천장재용 루버는 두께 0.8mm 이상으로 하며, 40 μm 이상의 도막을 형성하도록 분체도장한다.

시공 방식 천장재의 유형에 따라 설치 방법에 차이가 있지만, 대부분은 천장에서 수직으로 내려온 달대(천장 행거, ceiling hanger)가 패널의 하중을 지탱하는 방식으로 시공한다.

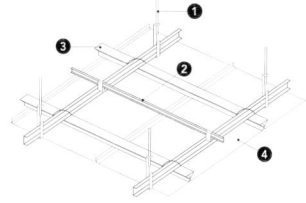

클립바 시스템.
1 달대 2 캐링 채널 3 클립바 4 천장 패널

① 패널형: 클립바 clip-bar 시스템

천장과 수직이 되도록 달대를 설치한 뒤 캐링채널 carrying channel 을 고정한다. 그다음 캐링채널과 十자가 되도록 배치하고 클립바를 와이어 클립으로 결속한다. 클립바는 천장재를 고정하기 위해 사용하는 것으로, 클립바의 틈에 U자형 천장재의 수직면을 끼워 고정한다.

    일정한 간격으로 클립바를 배치하기 때문에 뒤틀림 없이 견고하다. 클립바의 간격은 천장재의 크기에 따라 다르며, 보통은 300mm 또는 600mm다.

② 루버형

패널형 천장재와 마찬가지로 천장과 수직이 되도록 달대를 설치한다. 그리드형은 별도의 철물 없이 루버의 구멍에 달대를 끼워 고정한다. 스크린 루버는 ㅂ바 또는 직선바를 루버에 수직이 되게 배치하고 볼트로 고정한다.

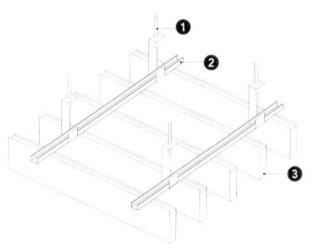

루버 고정 시스템.
1 달대 2 ㅂ자형 라인바 3 루버

Reportage

튼튼하고 아름다운 천장을 짓다

㈜유창 허인 상무

매일 출퇴근하면서 지나치는 지하철역, 멀리 떠나기 위해 찾는 기차역과 공항까지. 다른 곳으로 이동하기 위해 머무르는 대규모 공간의 천장은 대부분 알루미늄이다. 무게가 가벼워서 시공이 편리하고 경제적이기 때문이다. 건축용 알루미늄 자재를 생산하고 시공하는 ㈜유창은 알루미늄 천장재에 내진시스템, 이중곡률 비정형 패널 성형 방식을 더해 활용도를 높였다. 벽이나 바닥만큼 주목받지는 못하지만 때로는 든든하게, 때로는 아름다운 모습으로 공간을 지탱하는 유창의 천장 이야기를 들어보았다.

인터뷰 정신오 자료 제공 ㈜유창

감씨(감): 알루미늄 건축용 자재의 연간 생산량은 어느 정도인가?

허인(허): 연간 3,000t 정도 생산한다. 그중 95%는 천장재다. 천장재는 특히 경량성에 신경 쓰는데 알루미늄은 다른 금속에 비해 가벼워 떨어질 위험이 적고 비용면에서도 유리하다. 천장재로 쓰는 알루미늄은 다른 부위에 사용할 때보다 두께가 얇다. 내구성이 중요한 벽은 2T, 3T를 사용한다면 천장재는 0.5~1T로 절반 정도다. 구조가 지탱해야 할 하중이 적으니 구조재를 얇게 제작해 경제성을 확보할 수 있다.

감: 천장재는 패널형과 루버형, 타일형이 있다. 각각을 적용하기 좋은 공간은?

허: 패널형은 주로 지하철의 벽과 천장, 루버형은 업무 공간의 로비나 홀에 많이 적용한다. 클립으로 끼워서 시공하는 타일형은 기둥이나 캐노피에 쓴다. 하지만 용도마다 유형이 고정되어 있는 것은 아니다. 패널형에 비해 고가라 잘 사용하지 않을 뿐, 상업 공간에도 루버형을 쓸 수 있다. 고객의 취향, 예산에 맞는 것을 선택하면 된다.

감: 세 가지 중 가장 많이 쓰이는 것은 무엇인가?

허: 패널형이다. 패널형은 지하철, 공항과 같은 곳에 많이 쓴다. 우리는 서울 지하철 역사의 70%에 천장재를 납품했다. 공항에서도 활용도가 높다. 현재 국내 공항 천장의 90%는 유창의 자재로 시공돼 있다.

감: 인천국제공항 제2여객터미널에는 루버형 제품을 썼다. 가장 신경 쓴 부분은 무엇인가?

허: 공항은 유동인구가 많아 안전에 더 신경 쓴다. 인천국제공항 제2여객터미널은 경사형 루버 사이에 직선형 루버를 수직 방향으로 촘촘히 채워 천장이 요동치는 듯한 모습을 만들었다. 천장에 쓰인 루버는 직선형이 2만 개, 경사형이 8,000개 정도다. 이 많은 루버가 혹여 지진과 같은 자연재해로 인해 떨어지면 시설이 파손되는 것은 물론, 많은 사람이 다칠 수 있다. 그래서 루버 각 요소의 하중을 계산하고 결속 상태, 고정 방식 등을 확인했다.

경사형 루버는 30~50m로 긴데, 여기에 직선형 루버를 촘촘히 고정하면 아무리 알루미늄이라도 무거워진다. 그래서 경사형 루버를 3~4m 단위로 쪼개 12개의 모듈로 나눴다. 그리고 각 모듈에 직선형 루버를 고정한 다음 시공했다. 설치할 때는 달대로 모듈을 고정하고, 모듈 간은 피스로 연결했다.

감: 채광량을 조절하기 위해 루버가 회전하도록 계획했다.

허: 인천국제공항 제2여객터미널은 천장의 모든 직선형 루버가 0.5°씩 연속적으로 회전한다. 이를 위해 경사형 루버와 접합하는 부위에 직선형 루버의 짧은 모서리를 지름으로 한 원을 그리고 0.5°마다 구멍을 뚫었다. 직선형 루버가 구멍을 한 칸씩 움직이며 일정하게 각도를 바꾼다.

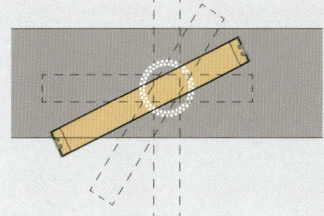

△ 경사형 루버(회색)에 0.5°마다 구멍을 뚫어 직선형 루버(노란색)가 구멍을 한 칸씩 움직이며 일정하게 각도를 바꾸도록 했다.
▷ 인천국제공항 제2여객터미널 티켓홀 천장 시공 모습.

▽ 지하철역, 공항, 학교의 천장재는 뒷면에 흡음패널을 부착해 잔향시간을 줄인다.
▽▽ 9호선 노량진역 지하철 승강장 전경. 기둥에 타일형의 알루미늄 패널을 적용했다.

갑: 인천국제공항 제2여객터미널의 천장에는 특별한 음향기술도 접목돼 있다.
허: 대규모의 공간일수록 소리가 잘 울린다. 앞서 말했듯, 공항은 유동인구가 많기 때문에 여러 소리가 모이고, 이것들이 모이면 금세 시끄러워진다. 잔향시간을 줄이기 위해 루버 뒷면에 흡음패널을 부착했다. 그리고 소리가 충분히 흡수되도록 직선형 루버에 구멍을 뚫었다. 구멍을 뚫을 때는 적정한 타공비율을 찾기 위해 충북대학교 음향연구소에 음향 시뮬레이션을 요청했다. 그 결과, 전체 면적에서 타공 면적의 비율이 20.3%정도일 때 흡음 효과가 가장 뛰어나다는 것을 확인했다.

갑: 2017년 포항에 지진이 났을 때 자체적으로 개발한 천장재 탈락방지 시스템으로 인명피해를 막았다.
허: 자연재해로부터 발생하는 피해는 대부분 천장과 같은 2차 구조물이 탈락해서 생긴다. 천장은 내부 설비를 상시 점검해야 하기 때문에 완벽히 고정하지 않는다. 그래서 벽이나 바닥보다 탈락할 확률이 높다. 우리는 천장이 떨어지는 것을 막기 위해 오픈 패널 open panel을 개발했다. 지진이 발생하면 천장재 사이의 탈락방지 클립이 내려오면서 패널을 잡아 떨어지지 않고 천장 틀에 매달리도록 한다. 그럼 내부에 설치한 스프링이 양 끝의 갈고리로 구조체를 잡고, 탄성력으로 위아래의 충격을 완화한다. 수평의 충격을 흡수할 수 있는 몰딩용 클립도 개발했다. 이 클립 역시 스프링 소재로, 평소에는 가장자리의 몰딩으로 쓰이지만 지진이 발생하면 천장재의 움직임에 따라 수축, 팽창하여 좌우의 충격을 완화한다.

갑: 천장재 탈락방지 시스템이 보편적인가?
허: 과거에는 가격 때문에 잘 쓰지 않았다. 국토교통부조차 내진에 대한 기준이 없었다. 지금도 내진 시험을 할 수 있는 곳은 부산대학교 방재연구센터뿐으로 관련 기관이 많지 않다. 하지만 경주와 포항에 지진이 발생한 이후 조금씩 필요성을 느끼고 있다. 최근에는 내진에 대한 연구가 활발하게 진행되고 있고, 역사, 공항 대부분에 탈락방지 시스템을 적용한다.

갑: 이중곡률의 비정형 패널을 제작하기도 한다.
허: 국내에는 비정형 패널을 생산할 수 있는 곳이 많지 않고, 그중 대부분은 냉간 가공법을 이용한다. 반면 우리는 열간 가공으로 오차를 줄이고 정밀도를 높였다.
 냉간가공은 상온에서 판재를 당겨 곡률을 만든다. 하지만 소재를 당기면 원상태로 돌아오려는 '스프링백' 현상이 생긴다. 이를 막기 위해 스티프너로

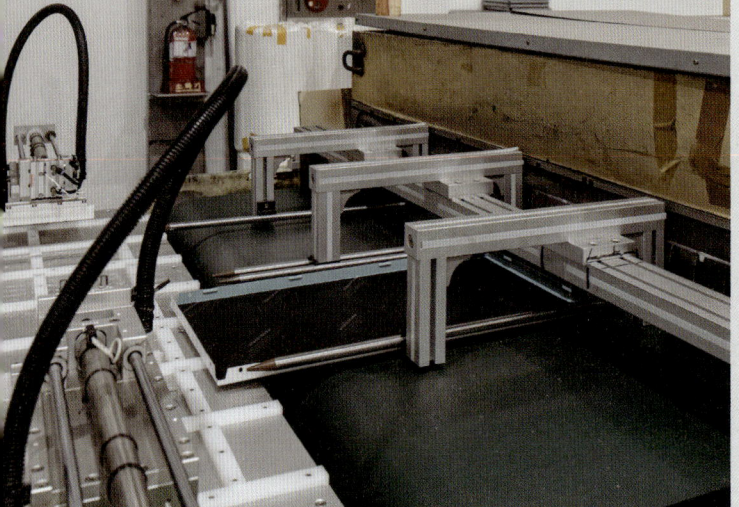

Application of Aluminum

인천국제공항 제2여객터미널 티켓홀 전경.

잡아서 고정하지만 스프링백으로 인해 오차가 생기는 것은 어쩔 수 없다. 열간가공은 판재를 재결정온도까지 열을 가해 겔gel 상태로 만들고 금형에 넣은 뒤 멀티프레스기로 압축해 성형한다. 물성은 유지하되 가공할 수 있을 정도로 무르게 열을 가한 뒤 형상을 가공하는 것이다. 이 방식으로 하면 스프링백이 거의 일어나지 않고 오차가 적다.

이중곡률 비정형 패널 외에 하나의 루버 안에서 길이, 폭, 높이에 다양하게 변화를 준 제품도 준비 중이다. 현재 건물에 적용되는 루버는 크기가 일정하기 때문에 압출 방식만으로 생산이 가능하다. 곡선처리는 벤딩으로 조절할 수 있다. 하지만 하나의 루버 안에서 길이, 폭, 높이가 제각각이면 별도로 제작을 해야 한다. 아직은 연구 단계이지만 루버의 모든 면을 전개해서 용접하는 방식 등 여러 가지를 고민하고 있다.

갑: 이중곡률, 스크린 루버도 천장재에 적용하나?
허: 해외에서는 이미 활발하게 사용하고 있다. 지금은 싱가포르 창이 국제공항에 제품을 납품하기 위해 준비 중이다. 반면 국내 수요는 해외의 1% 정도다. 아직은 외피에 많이 쓰고, 천장에 적용한 사례는 거의 없지만 점차 수요가 늘 것이다. 그럼 실내에 비정형의 입체적 공간을 계획하는 것도 가능해질 것이다.

㈜유창 시화공장

㈜유창은 경기도, 대전, 부산에 공장을 두고, 각 공장마다 특화 제품을 생산한다. 그중 경기도 시흥공단에 위치한 시화공장은 천장재와 벽용 자재를 전문으로 생산하는 곳이다. 유창에서 생산하는 알루미늄 천장재는 모두 이곳에서 시작된다.

㈜유창 시화공장 전경

1 전단 폭에 맞춰 자른 코일을 프레스로 찍어 필요한 너비만큼 재단한다. 최소 30mm, 최대 1,200mm까지 제작 가능하다.

2 노칭과 엠보 판재의 네 모서리를 접었을 때 면이 겹치지 않도록 끝을 ㄱ자로 자르고, 탈락 방지용 엠보 작업을 한다.

3 드로잉 네 모서리를 접어 천장재의 형태로 만든다. 시화공장에서는 제품을 접는 드로잉 공정부터 검수, 포장까지 자동화기기를 통해 일괄 진행된다.

4 전처리 도장, 도금 전에 표면을 깨끗하게 만드는 탈지, 수세 공정. 전처리 과정을 거치며 표면의 이물질과 유분을 제거하고 부착력을 높인다.

5 도장 도장은 용도에 따라 원코팅과 투코팅으로 나뉜다. 원코팅은 정전기를 이용해 표면에 도료를 부착하는 분체도장이다. 투코팅은 분체 도장 후에 액체도장을 하는 공정이다.

6 건조 열경화성 도료를 도포한 천장재를 건조한다. 180~200℃의 건조기에 10분 이상 건조된 천장재는 견고한 도막을 갖는다.

Interview

접고 펴고
들고 다니는
가구

알루미늄 텐트폴을 연결하고 패브릭을 끼워 뚝딱 완성하는 의자와 테이블. 헬리녹스가 그 모습을 처음 선보인 2013년, 사람들은 쉽게 조립할 수 있으면서 작고 가벼운 야외용 가구에 열광했다. 33년 동안 알루미늄 텐트폴을 생산해온 경험을 바탕으로 아웃도어 가구 브랜드인 헬리녹스를 시장에 성공적으로 안착시킨 동아알루미늄 라제건 대표를 만났다.

인터뷰 정경화 인터뷰이 동아알루미늄 라제건 대표 사진 제공 Helinox(별도 표기 외)

감씨(감): 어떤 계기로 아웃도어 가구로까지 영역을 넓히게 됐나?
라제건(라): 오랫동안 텐트폴을 생산하면서 알루미늄의 특성을 충분히 알게 됐고, 가장 큰 장점인 가벼움을 활용할 방법을 고민했다. 몸에 지니고 다니는 것은 비싸더라도 가벼워야 한다. 반면, 고정형 가구는 옮길 일이 별로 없으니 무게보다는 강도나 가격이 중요하다. 일례로 집에서 쓸 의자를 고를 때에는 아무도 무게를 비교하지 않는다. 그러나 이 의자를 가지고 이동해야 한다면 무게가 중요해진다.
 아웃도어 가구의 시작은 캠핑용 의자였다. 캠핑은 의자의 유무에 따라 만족도가 달라진다. 의자에 등을 대고 앉는 것은 바닥에 깔개를 깔고 앉는 것과는 비교가 되지 않을 정도로 편안하다. 그러나 기존의 캠핑용 의자는 부피가 너무 컸다. 텐트처럼 접을 수 있는 작고 가벼운 의자가 필요하다고 판단해 2008년, 제품을 개발하기 시작했다. 2011년에 첫 제품인 체어원을 출시했고, 이후 초경량 고강도 알루미늄 합금인 TH72M(p.94 참고)과 트래킹 폴 제품을 차례로 개발하면서 헬리녹스를 론칭했다.

감: 텐트폴로 구조를 짜고 패브릭을 끼우는 방식으로 텐트처럼 조립한다. 이러한 방식은 알루미늄의 어떤 물성을 이용하나?
라: 30여 년 전의 텐트는 대부분 철제 텐트폴로 만든 가옥형 구조였다. 사람들은 철재보다 가벼운 알루미늄으로 텐트폴을 만드는 방법을 연구했다. 알루미늄은 철에 비해 강도는 3분의 1 정도로 낮지만 탄성력과 복원력은 훨씬 뛰어나다. 철이 높은 강성 덕분에 꼿꼿하게 무게를 버틴다면, 알루미늄은 탄성력을 이용해 이리저리 움직이면서 힘을 견딘다. 알루미늄 텐트폴을 휘어서 겹치는 지금의 텐트 구조는 이러한 특성을 이용해 개발됐다. 텐트폴을 휘었을 때 원래대로 돌아가려는 복원력을 이용해 텐트의 무게를 지지한다. 우리는 이 원리를 아웃도어 가구에 적용했다. 강도만큼 뛰어난 탄성력을 이용하는 구조로 가벼우면서도 튼튼한 가구를 완성했다.

감: 가구의 종류는 크게 의자, 테이블, 야전침대 세 가지로 나뉜다.
라: 의자를 주력으로 한다. 현재 열두 가지 종류가 있고 두 가지를 더 개발 중이다. 대표 제품인 체어원은 폭 52cm, 높이 35cm, 총 높이는 66cm로 다양한 용도에 쓸 수 있는 크기다. 처음엔 무게 890g인 캠핑용 제품으로 제작했는데 편하다 보니 등산용으로 몸에 지니고 다니는 사람이 많았다. 그래서 무게를 490g으로 줄인 체어제로를 개발했다. 이후 용도를 세분화해 어린이용인 체어원 미니, 머리를 대는 형태인 체어투 등으로 종류를 늘렸다.

감: 다른 아웃도어 가구 브랜드와 비교하면 어떤 장점이 있나?
라: 가공만 하는 업체는 소재에 대해 잘 모른다. 우리는 소재부터 자재, 제품 개발까지 모두 한다. 과거에도 알루미늄 의자는 많았다. 그러나 대부분 강도가 낮은 알루미늄으로 제작해 쉽게

(위쪽부터)
동아알루미늄 공장 전경과 한남동에 위치한 헬리녹스 크리에이티브 센터의 실내 모습.

망가졌다. 그렇다고 강도를 높이기 위해 무게를 키우면 휴대하기가 어려워진다. 무게가 1kg을 채 넘지 않는 가볍고 튼튼한 의자를 구현할 수 있었던 것은 소재의 특성에 맞는 구조를 적용했기 때문이다. 자재를 직접 생산하면서 소재의 물성을 깊이 이해하고 있었기에 그에 맞는 디자인과 공법을 적용할 수 있었다.

감: 언급한 대로 소재도 직접 개발한다. TH72M은 기존 소재보다 30% 정도 무게를 줄였다.

라: TH72M은 구리와 아연, 마그네슘을 섞어 만든 7000계열 합금으로, 미국의 알루미늄 제조기업인 알코아Alcoa에서 협업을 제안해 공동 개발했다. 우리가 금속 조성 비율, 용해 방식, 온도 등의 제법을 제안하면 알코아에서 제조하고 300여 번을 검토해 완성했다. 이 소재는 항복강도가 58 kg/mm² 로 일반적인 창호용 알루미늄 합금보다 약 4배 더 강하고, 알루미늄 대표 합금인 두랄루민보다 더 단단하다. 단점은 단단해진 만큼 압출성이 떨어진다. 알루미늄의 강점이 압출성이 뛰어나 가공이 쉽다는 점인데 이 소재는 생산효율이 창호용 알루미늄의 30분의 1 정도다. 생산성이 떨어지다 보니 가격대가 높은 편이다. 그래서 가격을 좀 더 낮춘 합금을 개발했다. 창호용 알루미늄과 같은 6000계열로, TH72M보다 강도가 낮지만 대신 공정이 간단해 훨씬 저렴하다. 주로 대형 텐트의 재료로 쓴다. 요즘에는 성능과 가격대가 둘의 중간인 MX 소재를 이용해 새로운 구조의 텐트를 개발하고 있다.

감: 알루미늄 텐트폴은 모두 아노다이징으로 표면처리하고 색을 낸다.

라: 금속은 대부분 다른 소재로 도금, 도장해야 산소를 차단할 수 있는 반면, 알루미늄은 표면에 스스로 산화층을 만든다. 한번 산화층이 생기면 더 이상의 부식을 멈추고 내구성, 내식성이 뛰어난 보호막으로 역할한다. 아노다이징은 알루미늄을 전해액에 집어넣고 전류를 흘려 보내는 방식으로 이 산화 과정을 인위적으로 극대화한다. 표면 경도가 훨씬 높고 페인트로는 구현하기 힘든 금속의 은은한 광택을 그대로 유지할 수 있다. 색을 입히는 것도 가능하다. 본래 열처리 합금은 아노다이징 준비 공정에서 인체에 유해한 질산과 인산을 사용하는데, 우리는 이를 쓰지 않는 그린아노다이징 방법으로 현재 17가지 색상의 텐트폴을 생산한다.

감: 제품을 개발하는 과정에서 아쉬운 점은 없나?

라: 대부분의 가구는 자재에 구멍을 뚫고 경첩hinge을 달아 조립한다. 그러나 얇은 파이프는 구멍을 뚫는 게 불가능하기 때문에 파이프 안에 고무줄을 끼워 조립한다. 이것이 텐트폴 방식이다. 우리는 이렇게 조립했을 때 힘이 균형을 이루는 구조, 연결부를 접합하는 방식 등에 대해 익숙하다. 하지만 대부분의 가구 디자이너는 이러한 소재와 방식에 익숙하지 않다 보니 기존의 방식대로 디자인한다. 예를 들어 지름 13mm인 알루미늄 폴로 만든 프레임은 270kg까지 무게를 견디지만 제작자들은 대부분

(왼쪽부터) 헬리녹스의 코트홈 컨버터블(베이지)과 체어원홈(스틸 그레이), 테이블은 솔리드 탑(스노우 화이트).

소재의 강도에만 의존해 의자를 디자인한다. 소재와 제작 방식을 충분히 이해하면서 적용할 분야나 아이템을 제안해줄 사람이 필요하다.

감: 새로 개발하거나 구상 중인 아이템은?
라: 라이프스타일이 좌식에서 입식으로 바뀐 것처럼 아웃도어 라이프도 변하고 있다. 야전침대 시장이 빠르게 늘어나는 것이 그 증거다. 야전침대에서 한번 자 본 사람은 더 이상 바닥에서 자고 싶어 하지 않는다. 지금의 텐트는 바닥에 까는 좌식 형태다. 야전침대가 생기면 텐트도 입식 생활에 맞추어 커져야 한다. 같은 품질을 유지하면서 보다 가벼운 대형 텐트를 개발 중이다.

고정형 가구의 개발도 고려하고 있다. 예전에는 넓은 집을 소유하고 정주하는 것이 주된 삶의 방식이었지만 1인 가구의 비율이 높아지고 이사가 잦아지면서 이동하는 것에 익숙해졌다. 이러한 변화에 맞춰 이사할 때 접어서 들고 다닐 수 있는 가구를 개발해보려 한다.

조명도 좋은 아이템이다. 알루미늄 프레임은 가볍고 탄성이 뛰어나 던져도 쉽게 부서지지 않는다. 또 텐트용 원단은 품질이 좋고 빛이 아름답게 스며 나와 조명갓 재료로 어울린다. 접어서 가지고 다니다가 필요할 때 꺼내 쓰는 방식으로 다양한 용도에 활용할 수 있다.

라제건(동아알루미늄 대표)
1984년 미국 미시간 대학교에서 MBA 과정을 수료하고 퍼스트 인터스테이트 뱅크First Interstate Bank에서 근무했다. 1986년부터 동아무역주식회사에서 기획실장으로 근무했고 1988년 동아알루미늄 주식회사를, 2013년에는 주식회사 헬리녹스를 설립했다. 2014년에는 산업포장상을, 2019년에는 스포츠산업대상 국무총리 표창을 수상했다.

3

TREATMENT OF ALUMINUM

3.1 Manufacture of Aluminum
3.1.1 Bending & Cutting of Aluminum
3.1.2 Interview 1
3.1.3 Interview 2

3.2 Surface of Aluminum
3.2.1 Finish of Aluminum
3.2.2 Reportage

3.3 Atypical Architecture with Aluminum
3.3.1 Interview 1
3.3.2 Interview 2

3.1

Manufacture of Aluminum

각양각색 가공법

밋밋했던 판재는 벤딩, CNC, 레이저 커팅 등의 가공을 거치며 건물을 한층 특별하게 만든다. 이번 장에서는 알루미늄을 멋스럽게 만드는 여러 후가공 방식과 적용 사례를 살펴본다.

Bending & Cutting of Aluminum

©Baiterek Media / Shutterstock.com

색종이처럼
접고 자르는 가공

알루미늄은 여러 가공을 거쳐 건축에 적합한 형태를 만든다. 평평한 패널을 예각이 되도록 접어 입면에 리듬감을 주는가 하면 이중곡률로 가공해 DDP와 같은 비정형의 건물에 적용한다. 또 펀치 프레스나 레이저 커팅으로 패턴을 넣기도 한다. 이번 장에서는 알루미늄의 자재에 아름다움을 더하는 후가공법에 대해 소개한다. 글 정신오

세밀하게 각을 맞추다
굽힘 가공^{bending}

평평한 판재나 직선의 봉재, 관재를 입체적인 형상으로 가공하는 방식. 예각, 직각은 물론 곡면을 만드는 것도 가능해 건축자재의 가공에 활발하게 쓰인다. 건축재로 많이 쓰이는 굽힘 가공법을 알아보자.

1. 판재

가공 방식에 따라 롤러 벤딩, 유압프레스, 절곡으로 나뉜다. **롤러 벤딩**은 판재를 롤러 사이에 반복적으로 통과시켜 곡면을 만드는 방식이다. 창틀처럼 형상이 복합한 자재보다는 평평한 자재에 적합하다. 롤러 수에 따라 일반 롤러 벤딩, 3롤 벤딩, 4롤 벤딩이 있다.

유압프레스는 금형장치를 프레스기에 고정한 뒤 판재에 찍어서 형태를 만드는 방식이다. U자, V자 등 다양한 형태로 가공할 수 있다. 금형만 있다면 이중곡면을 생산하는 것도 가능하다. 하지만 금형 제작비용이 비싸 다품종 소량생산에는 비효율적이다.

절곡은 종이를 접듯 판재를 꺾어서 각을 만드는 방식을 말한다. 전개도 그리는 면을 안쪽으로 하여 절곡하기 때문에 외관이 이음매 없이 깔끔하다. 가구나 오디오, TV와 같은 중형 이상의 제품에 많이 쓰인다. 그러나 모든 면을 일일이 접어야 하기 때문에 입체적일수록 작업 시간이 길어진다. 또 작업하면서 쉽게 끊어지고, 한번 끊어지면 처음부터 다시 작업해야 한다.

2. 봉재, 관재

봉의 길이와 곡률의 반경에 따라 맨드릴 벤딩^{mandrel bending}과 스트레치 벤딩^{stretch bending}으로 나뉜다. **맨드릴 벤딩**은 관재를 원형의 틀에 감아서 곡률을 만드는 방식으로, 곡률의 반경이 작거나 구경이 클 때 사용한다. 연질용 관재는 공정 후에 표면에 주름이 지거나 관이 얇아진다. 때문에 관재의 구멍보다 조금 작은 심재인 맨드릴을 넣어서 표면이 우그러지지 않도록 한다.

스트레치 벤딩은 곡선처리 된 틀의 바깥면에 직선의 관재를 맞대고 양 끝을 안쪽으로 모아서 곡률을 만드는 방식이다. 주로 긴 관재에 완만한 곡선을 만들 때 적용한다.

밋밋한 표면에 그림을 그리다
재단과 타공

알루미늄 판재는 재단과 타공 과정을 거치며 패턴을 입는다. 가공법에는 크게 선으로 자르는 재단과 면을 뚫는 타공이 있다. **재단**은 선 하나하나를 가공하기 때문에 정밀한 디자인을 구현할 수 있다. 하지만 패턴이 복잡하거나 재단량이 많으면 시간이 오래 걸린다. **타공**은 면을 단위로 하기 때문에 작업 시간이 빠르다. 하지만 패턴에 맞게 틀을 제작해야 해 단가가 비싸다. 건축용 패널에 자주 쓰이는 세 가지 재단법과 두 가지 타공법을 소개한다.

1. 레이저 커팅 laser cutting

레이저에서 발생하는 열에너지로 판재를 가열해 절단하는 방식으로, 기계가 재료에 직접 닿지 않는 비접촉 가공법이다. 여러 번 사용해도 날이나 금형이 닳지 않아 횟수에 제한 없이 자유롭게 사용할 수 있고 작업속도가 빨라 대량생산에 효과적이다.

하지만 레이저에서 발생하는 열 때문에 띠 모양으로 표면이 늘어나는 버 burr가 생긴다. 또 소재에 적당한 출력과 속도를 맞추지 못할 경우, 균열이 발생한다. 때문에 자재 조건에 맞게 레이저의 출력과 속도를 조절하고 패턴을 가공할 때는 주변으로 10mm 이상의 여유 간격을 유지해야 한다.

2. 워터젯 커팅 waterjet cutting

물에 연마재를 섞고 3,000~4,500hPa의 압력으로 강하게 분사해 절단 또는 타공한다. 주로 두께 25mm 이상의 두꺼운 판재를 가공할 때 쓴다. 열에너지로 인해 표면의 품질이 고르지 않고 휘어질 위험이 있는 레이저 가공과 달리 절단면이 깔끔하다. 열변형이 적어 여유 간격을 최소 3mm까지 줄일 수 있고 소재의 변형이 적어 재활용에 적합하다.

3. CNC 엔드밀 커팅 Computer Numerical Control end mill cutting

도면을 컴퓨터에 입력하면 밀mill이라는 날이 회전하면서 도면대로 알루미늄 판재를 깎는 방식이다. 면을 깎기 때문에 형태, 높낮이, 각도를 조절해 입체적 가공이 가능하다. 밀은 볼형, 스퀘어형, 나선형의 테이퍼형 등으로 형태가 다양해 원하는 디자인에 맞게 선택하면 된다. 깊이는 6000계열 이하의 합금의 경우 엔드밀 직경의 절반 또는 1대 1까지 가능하고, 7000계열 이상 합금은 더 얇게 해야 한다.

단, 밀이 회전하면서 열을 받아 부러질 수 있다. 때문에 반드시 마찰열을 감소시켜주는 절삭유를 함께 사용해야 한다.

4. 펀치 프레스 punch press

펀치로 종이에 구멍을 뚫듯 틀에 압력을 가해 판재를 타공하는 가공법. 선보다는 면을 가공하는 데 유리하다. 한 기계에 여러 개의 틀을 부착하면 한번에 많은 구멍을 낼 수 있다. 하지만 타공 횟수가 늘어날수록 날이 닳아 주기적으로 교체가 필요하다. 금형이 없을 경우 제작해야 하는데 단가가 비싸고 제작 기간이 오래 걸려 다품종 소량생산에는 적합하지 않다. 또 압력을 가하는 과정에서 타공면 주변에 균열이 생길 수 있다.

5. NCT 펀치 프레스 numerically controlled turret punch press

여러 가지 모양의 금형을 기계 안에 장착하여 금형의 배열 순서에 따라 타공하는 방식이다. 금형을 제작하는 데 비용과 시간이 많이 소요되는 펀치프레스의 문제를 보완한 가공법이다. 한번에 여러 형태의 구멍을 찍고 연속으로 가공할 수 있다. 타공이 많을 경우, 레이저로 한다면 시간이 오래 걸리지만 NCT 펀치 프레스는 상대적으로 시간이 덜 걸려 대량생산에 유리하다. 타공뿐 아니라 구멍 주변을 두껍게 하는 버링, 양각으로 입체감을 주는 엠보싱도 가능하다. 주로 얇은 판재에 사용한다.

interview
1

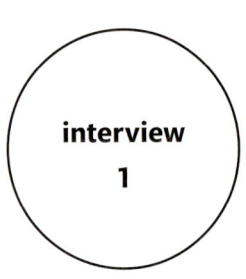

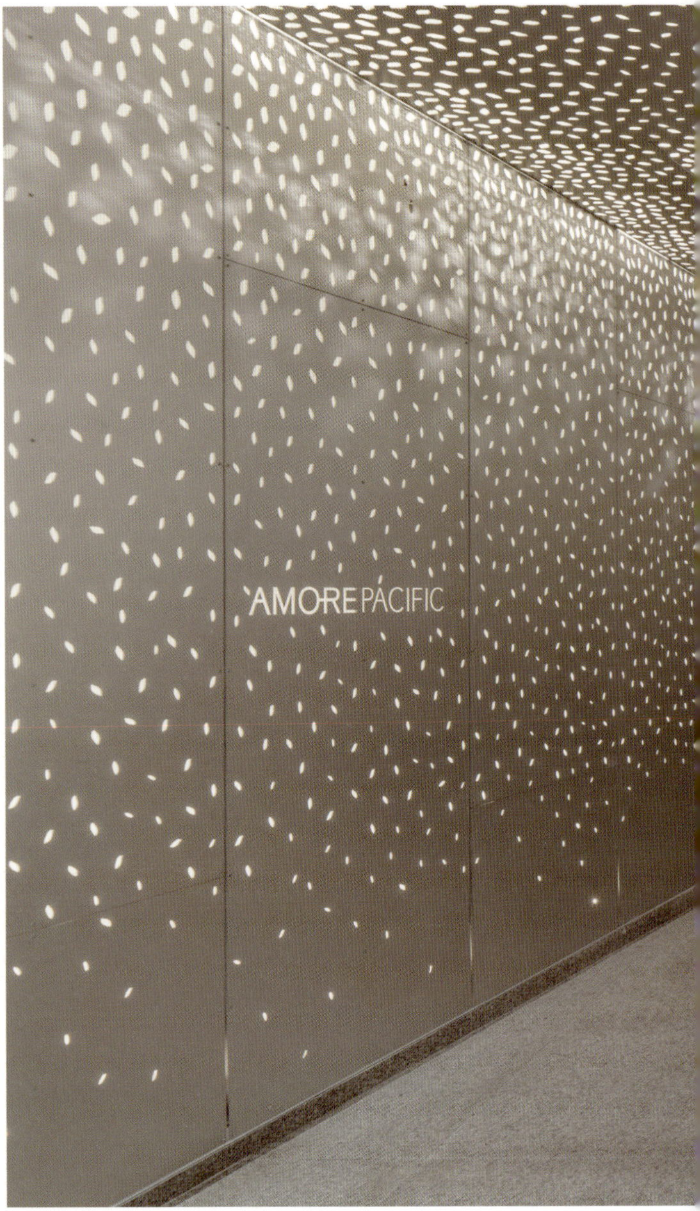

알루미늄에 빛나는 꽃잎을 수놓다

–

stpmj 이승택, 임미정 건축가

–

stpmj는 벽돌, 콘크리트처럼 익숙한 건축 재료를 색다른 방식으로 구현하며 재료를 대하는 새로운 시선을 보여줘 왔다. 이번에는 벽과 천장을 온통 은빛 알루미늄으로 채워, 들어서는 순간 지나온 장소를 잊게 하는 환상적 공간을 계획했다. 그들이 구축한 판타지에 숨은 이야기를 들어본다. 인터뷰 **정경화** 사진 **송유섭**(별도 표기 외)

감씨(감): 아모레퍼시픽 사옥과 신용산역 1, 2번 출구를 잇는 지하 공공보도를 디자인했다. 프로젝트를 기획하게 된 배경이 궁금하다.

이승택(이): 아모레퍼시픽 사옥은 기업이 소유한 업무 공간이다. 그러나 지하 1층부터 3층까지는 미술관, 쇼핑몰 등의 공공 공간을 배치하고, 넓은 아트리움이 있는 1층은 사방으로 출입문을 내고 사람들이 자유롭게 드나들도록 해 공공성을 더했다.

아모레퍼시픽에서는 신사옥 주변의 공간을 어떻게 꾸릴지에 대해서도 많은 관심을 기울였다. 작업을 맡아줄 국내 젊은 건축가를 물색한 결과, 신사옥 뒤쪽의 공원관리소는 삶것건축사사무소에서, 신사옥과 연결되는 신용산역 지하 공공보도는 우리가 디자인하게 됐다.

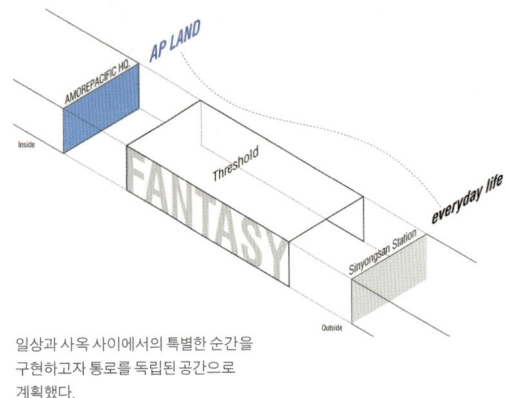

일상과 사옥 사이에서의 특별한 순간을 구현하고자 통로를 독립된 공간으로 계획했다.

건축주는 이 지하 공공보도가 지하철역과 사옥을 잇는 중요한 문턱이라 생각했다. 이에 일상과 사옥 사이에서의 특별한 순간을 구현하고자 두 공간과 아예 다른 분위기의 독립된 영역을 제안했다. 아모레퍼시픽의 상징적 요소인 꽃잎을 표현하는 방법을 고민한 끝에 빛을 활용하기로 했다. 문턱에 들어서는 순간 꽃잎이 흩날리듯 빛의 파편이 공간을 가득 채운다.

감: 빛을 어떤 방법으로 활용했나?
임미정(임): 벽과 천장을 감싼 알루미늄 패널을 꽃잎 모양으로 타공하고 안쪽에 조명을 설치해 빛이 새어 나오게 했다. 이때 조명은 패널이 아닌 안쪽의 콘크리트 벽면을 향하도록 배치했다. 빛은 흰색으로 도장한 콘크리트 벽면에 반사되어 패널의 타공된 꽃잎으로 흘러나온다. 빛이 적절히 반사되도록 벽면과 패널 사이에는 15~20cm 정도 간격을 두었다.

알루미늄에 밝은 회색을 입힌 것도 조도와 관련 있다. 꽃잎의 형태가 드러나기 위해서는 별도의 조명을 설치하지 않고 주변을 어둡게 해야 했는데, 그로 인해 꽃잎에서 나오는 빛만으로 통행에 필요한 조도를 확보해야 했다. 조명에서 나온 빛이 반사를 거쳐 간접적으로 전해지기 때문에 일반 LED보다 밝은 파워LED를 썼고, 효과를 극대화하기 위해 알루미늄은 가능한 한 밝게 염색했다. 이후 조명 컨설턴트와 목업, 시뮬레이션을 거치며 조명의 규격과 개수를 정했다. 조도가 부족한 곳은 밝기를 조절하는 디밍을 적용하거나 간접등을 추가해 빛을 보강했다.

조명 컨설턴트와 목업, 시뮬레이션을 거치며 적절한 조도를 만족하는 조명의 규격과 개수를 정했다.

아모레퍼시픽 꽃빛

설계 stpmj
설계담당 이승택, 임미정, 김형준, 김정은
위치 서울특별시 용산구 한강대로 112 신용산역
면적 1,040m²
규모 지하 1층
구조 경량철골조
마감 알루미늄 아노다이징 패널
완공 2018년 6월

사용한 알루미늄

제품명 JA 경질 하드 피막
자재명 노벨리스 5052 합금판
색상 라이트그레이
규격 900×2,400~3,600 ×3mm
가공 페이지 기딩
표면마감 아노다이징
생산업체 노벨리스코리아
가공업체 중앙금속

감: 은빛 알루미늄 패널은 공간에 환상적 분위기를 더한다.

이: 극적인 효과를 내기 위해서는 꽃잎에서 새어 나온 빛을 자유롭게 반사하는 재료가 필요했다. 목재나 석재보다는 반사율이 높고 난반사가 잘되는 금속이 적합했다. 여러 금속 중에 알루미늄을 선택한 것은 경량성과 가공성, 그리고 다양한 표면처리 방법 때문이다. 스테인리스 스틸도 고려했지만 우리가 원했던 질감과 분위기는 알루미늄이 더 가까웠다.

감: 원래는 꽃잎의 디자인이 다양했다고 들었다.

이: 빛이 입체적으로 새어 나오기를 의도했기에 원과 꽃잎을 조합한 타공 패턴을 다섯 가지 유형으로 디자인했다. 그러나 가공업체에서 목업을 제작한 결과, 초기의 디자인은 형태가 복잡해 하루에 패널 두 장 정도만 가공이 가능했다. 패널 한두 장을 타공하는 데 하루가 걸린다는 것은 예상치 못한 일이었다. 시간과 비용을 줄이기 위해 패턴을 한 가지로 통일하고 디자인을 단순화했다. 대신 꽃잎의 크기로 변화를 줬다. 가공이 가능하면서 꽃잎으로 인지할 수 있고, 통로를 밝힐 만큼의 조도를 확보하는 범위 내에서 다섯 가지의 규격을 정했다. 패턴은 천장에서 아래로 내려갈수록 크기가 작아지고 점차 사라지도록 배치해 실제 하늘에서 꽃잎이 떨어지는 듯한 풍경을 완성한다.

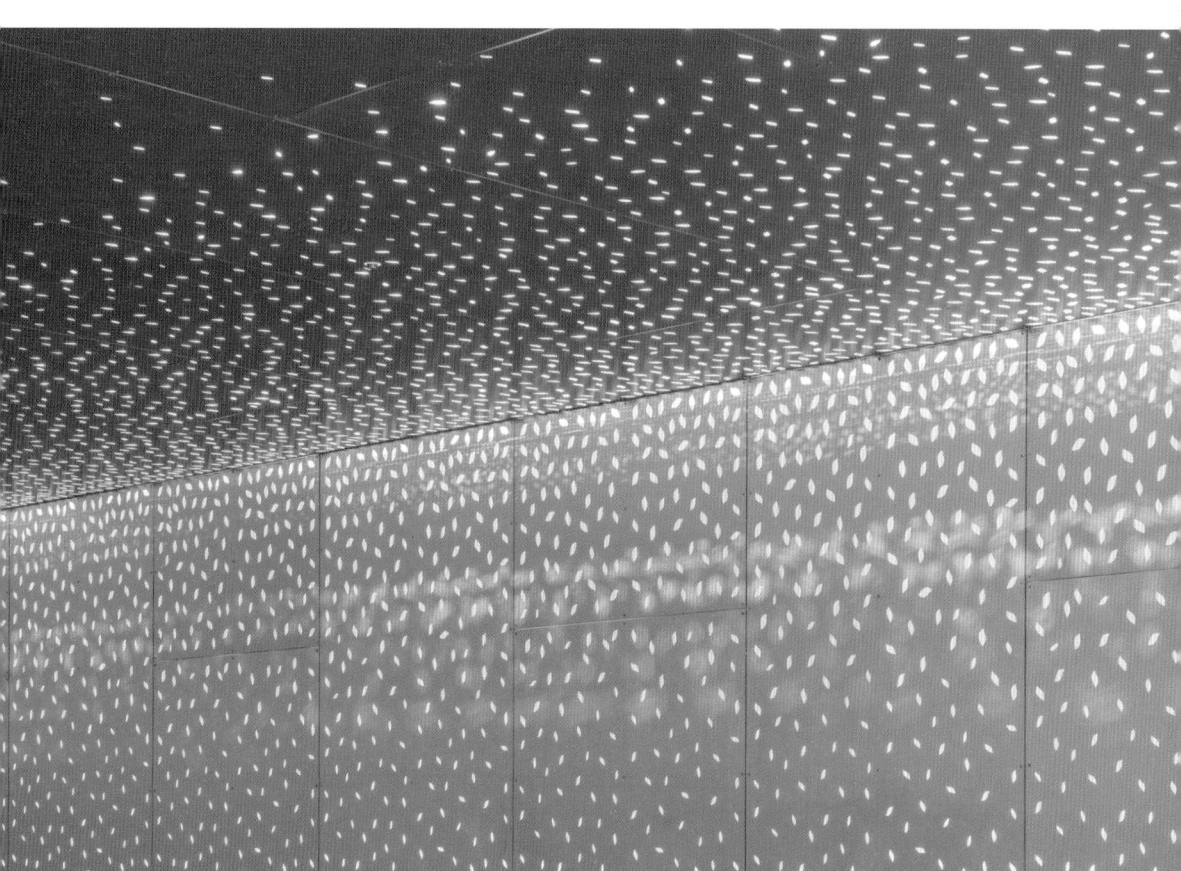

극적인 효과를 내기 위해 꽃잎에서 새어 나온 빛을 자유롭게 반사하는 알루미늄을 주 재료로 선택했다.

감: 알루미늄은 금속 중에서도 가공하는 방법이 다양하다. 어떤 방법을 고려했나?

이: CNC 가공을 고려했으나 최종적으로는 레이저 가공을 택했다. CNC 가공은 재단이 깔끔한 대신 타공 가능한 최소 지름이 2~3mm로 제한적이다. 레이저는 속도가 빠르고 더 작은 크기로 타공이 가능하다. 단점은 레이저가 알루미늄을 녹이는 과정에서 작은 알갱이가 생겨 표면이 울퉁불퉁해진다. 이를 제거하기 위해 표면을 갈아내는 후가공 작업이 필요하다. 결과적으로는 후가공을 했음에도 CNC보다 레이저 가공의 속도가 빨라 공기를 맞출 수 있었다. 표면처리는 알루미늄 고유의 색과 질감이 가장 자연스럽게 드러나는 아노다이징을 썼다.

감: 알루미늄을 다루면서 어려웠거나 아쉬웠던 점은?

임: 우선 알루미늄을 다루는 업체를 찾기가 어려웠다. 인터넷에서 검색해 찾은 아노다이징 업체는 대부분 알루미늄의 종류나 색상이 다양하지 않았고, 이 정도로 많은 물량을 처리해본 경험이 없어 작업이 불가능했다. 두께가 3mm인 패널에 작게는 지름이 3mm인 구멍을 뚫어야 하니 가공 작업의 난이도도 높았다.

이: 알루미늄은 공장에서 도면대로 형태를 가공하기 때문에 기계로 대량 제작이 가능하고 생산성이 높다. 시공도 경량철골로 구조체를 짜고 그 위에 패널을 거는 방법으로 비교적 간단하다. 모든 면에서 빠르고 효율적인 재료다. 하지만 알루미늄을 다뤄본 경험이 없었기에 가공 시간과 비용, 결과물의 품질을 가늠하기가 어려웠다. 여러 번 목업을 거치며 조도, 제작 기간 등 원하는 조건에 맞게 타공 크기와 형태 디자인을 조정해야 했다.

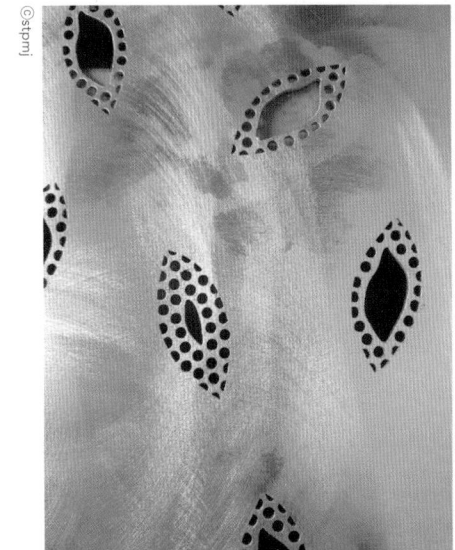 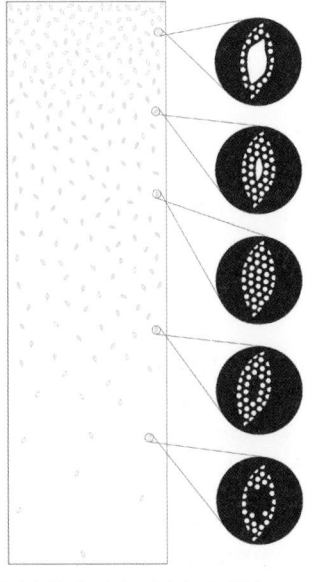 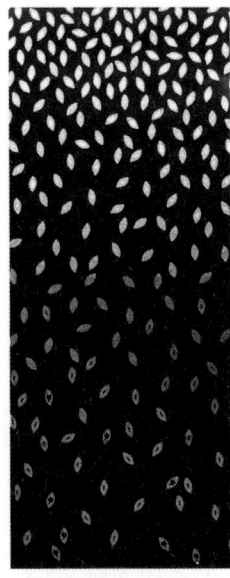

초기의 꽃잎 디자인. 복잡한 형태로 인해 늘어난 작업 시간을 줄이고자 디자인을 단순화하고 한 가지로 통일했다.

사옥의 문턱에 들어서는 순간 꽃잎이 흩날리듯 빛의 파편이 공간을 가득 채운다.

감: 향후 알루미늄으로 시도해보고 싶은 디자인이 있다면?

이: 이번에는 빛을 새어 나오게 하는 것이 가장 큰 목적이었기에 타공하는 방법을 썼다. 다음에 기회가 된다면 브러시나 스크래치 같은 물리적 방법으로 표면을 가공해보고 싶다. 반사율과 질감이 변함에 따라 표면에 닿는 빛이 다채롭게 반응하고 디자인 요소가 될 수도 있다. 구부리거나 접는 등 형태의 변화를 이용한 작업에도 흥미를 느낀다. CNC, 워터젯, 레이저 모두 금속을 자르는 방법이지만 결과물은 조금씩 다르다. 이러한 차이를 이해한다면 더 적재적소에 적용할 수 있을 것이다.

이승택, 임미정(stpmj 건축가)

stpmj 는 서울과 뉴욕에 위치한 아이디어 기반의 설계사무소이다. 2009년 뉴욕에서 stpmj Architecture를 개소한 후 2015년 서울로 사무실을 확장하였다. 이승택 대표가 서울 디렉터를, 임미정 대표가 뉴욕 디렉터를 담당하며 글로벌 디자인 네트워크를 구축하고 있다. 'Provocative Realism'이라는 비전 아래에 일상에서의 근본적인 아이디어를 새로운 시각으로 해석하여 주거, 문화, 상업 시설 등에 적용하고 있으며 동시에 공공예술, 전시, 설치 작업을 통하여 건축의 경계를 탄력적으로 넓히는 실험을 하고 있다.

Interview 2

110 Treatment of Aluminum

얇은 알루미늄 막을 덮은 도시 파빌리온

2019년 5월, 청년들의 문화활동을 장려하는 '신촌, 파랑고래'가 개관했다. 디자인 공모에 당선된 건축사사무소 에스오에이(SoA)는 지름 18cm, 두께 3mm의 알루미늄 원형 조각을 풍향계처럼 엮어 건물 전체를 감쌌다. 알루미늄 조각은 온몸으로 빛을 반사하며 침체됐던 신촌 상권을 비춘다. 인터뷰 정신오 인터뷰이 건축사사무소 에스오에이(SoA) 이치훈 건축가

감씨(감): 신촌, 파랑고래는 어떤 공간인가?
이치훈(이): 신촌은 한때 대표적인 젊음의 거리로 홍대, 종로와 함께 성행했다. 하지만 지금은 침체기라 도시재생이 필요한 단계다. 이에 서대문구에서 도시재생사업의 일환으로 청년들이 자유롭게 드나들면서 문화활동을 할 수 있는 시설을 마련하기 위해 공모를 했다.

우리는 건물을 도시 파빌리온으로 계획해 침체된 상권에 활력을 주고자 했다. 그 방법으로 선택한 것이 대비다. 대지 주변의 건물은 대부분 화강암이나 벽돌 등 저렴한 재료로 마감됐고, 그마저도 간판으로 뒤덮였다. 신촌, 파랑고래는 창문, 벽, 지붕이 어우러진 일반적인 입면에 외피를 한 겹 덧씌웠다. 콘크리트 건물에 알루미늄 조각을 조합한 막을 덮어 주변과 대비를 준 것이다.

감: 입면의 모듈을 원형의 디스크로 계획한 이유는 무엇인가?
이: 초기에는 돌을 여러 겹으로 매다는 방식을 생각했다. 하지만 돌을 켜켜이 달면 구조적으로 감당해야 할 하중이 너무 커진다. 대체재로 선택한 것이 알루미늄이다. 알루미늄은 가벼워서 하중 부담이 적고 틀만 있다면 주조해서 돌과 같은 형태를 만드는 것이 가능하다. 하지만 틀을 만들고 하나하나 찍어내는 방법으로는 제작 기한을 맞추기 어려웠다. 최종적으로 선택한 것이 디스크 모양의 납작한 원형 조각이다.

감: 원형 조각은 어떤 방식으로 제작했나?
이: 레이저로 재단했다. 펀치 프레스도 고민했지만 레이저 커팅이 작업 시간이 빠르고 오차가 적다. 또 펀치 프레스는 형태에 맞게 날을 제작해야 하는데, 여러 번 사용하면 끝이 마모돼 절단부가 균일하지 않다.

레이저로 재단할 때는 알루미늄에 맞는 레이저 설정값을 찾는 것이 중요하다. 잘못된 값을 설정하면 절단면이 타거나 거칠어진다. 우리는 알루미늄 가공업체인 알베코와 협업해 3mm 두께의 아노다이징 코일에 최적인 레이저 설정값을 찾았고 그에 맞춰 재단해 깔끔한 모듈을 만들 수 있었다.

감: 평면 조각으로 어떻게 입체감을 구현했나?
이: 루버를 중심으로 원형 조각이 +자 형태를 이루도록 배치했다. 풍향계처럼 말이다. +자 모양의 모듈을 설치할 때는 상하좌우로 겹치는 각도가 없도록 했다. 알루미늄 조각은 각도에 따라 빛을 다르게 반사하면서 다른 재료보다 다채로운 분위기를 연출한다. 결과적으로 제작 과정을 단순화하고, 비용을 줄이면서 빛의 효과를 극대화할 수 있었다.

감: 루버와 모듈을 제작하고 설치하는 과정에서 어려움은 없었나?
이: 정석대로라면 도면을 바탕으로 공장에서 제작하고 현장에서 시공하지만, 이 건물은 아래로 갈수록 면적이 넓어지는 형태라 곡률이 일정하지 않다. 또 사선으로 기울여서 설치해야

△△ 신촌, 파랑고래 실내 전경.
△ 루버를 중심으로 +자 모양이 되도록 원형 조각들을 배치했다.

했기에 길이를 가늠하기 어려웠다. 그래서 현장에서 설치 지점마다 강관을 일일이 대어 보며 길이를 확인했다.

　모듈을 고정하는 방식도 문제였다. 가장 쉬운 방법은 +자형 철물 중심에 구멍을 내고 루버에 끼우는 것이다. 하지만 이 방식으로 시공하면 모든 모듈을 일일이 끼워야 해 번거롭고 시간이 오래 걸린다. 그래서 십자형 모듈을 ㄱ자형 두 조각으로 나누고 이음부에 수직으로 틈을 냈다. 시공할 때는 모듈이 루버를 감싸도록 위치를 잡은 뒤 틈을 끼워 맞추고 볼트로 고정하면 된다.

감: 그동안 철재를 활용한 작업이 많았는데 철재와 비교해 알루미늄의 장단점은 무엇인가?
이: 알루미늄은 단가가 낮다. 덕분에 시공이나 제작 과정에서 문제가 생겨도 재생산하는데 부담이 적다. 또 가벼워서 넓은 면적의 패널을 만들어도 철재보다 두껍게 사용할 수 있다. 일반적으로 외부에 큰 철제 패널을 쓰려면 두께가 최소 3mm 이상이어야 하는데, 그렇게 하면 무거워서 시공이 어렵다. 하중을 지탱하기 위한 구조체를 만드는 데에도 비용이 많이 든다. 하지만 알루미늄은 가벼워서 3mm 이상으로 써도 크게 무리가 없다.

　단점은 연성이 높아 쉽게 변형된다는 것이다. 모듈을 잡고 세게 흔들면 조립부가 꺾일 수 있다. 다행히 재설치하면 되지만 이 부분은 앞으로도 고민하고 신경 써야 할 부분이다.

감: 알루미늄을 적용하고 싶은 분야가 있다면?
이: 분명 알루미늄만의 장점이 있다. 경량성과 아노다이징을 거친 표면 질감은 알루미늄이 독보적이다. 앞으로는 적극적으로 활용해 주조로 패널을 만들어서 외장재로 써보고 싶다.

신촌, 파랑고래
설계 강예린, 이치훈, 이재원
위치 서울특별시 서대문구 연세로5나길 19
연면적 808.21m²
규모 지상 3층, 지하 1층
마감 알루미늄 디스크
완공 2019년 5월
파사드 컨설턴트 브이에스에이

신촌, 파랑고래는 콘크리트 건물에 알루미늄 조각을 조합한 이중외피를 덧씌워 주변과 대비를 주었다.

이치훈(건축사사무소 에스오에이(SoA) 건축가)
건축사사무소 에스오에이(SoA)는 2010년 서울에서 설립되어 도시와 건축의 사회적 조건에 대한 분석을 통해 다양한 스케일의 구축환경에 관한 작업을 진행하는 젊은 건축가 그룹이다. 현대적인 삶에 대한 이해를 바탕으로 그것이 더욱 풍요로워질 수 있는 건축의 새로운 가능성을 믿고 추구한다.

Surface of Aluminum

다채로운 표면마감

금속은 석재와 마찬가지로 물리적, 화학적 방법을 이용해 색감과 질감을 조절한다. 알루미늄을 더욱 다채롭게 만드는 다양한 표면처리 방법을 알아본다.

Finish of Aluminum

표면을 바꾸는 일곱 가지 방법

알루미늄은 자연적으로 표면에 얇은 산화피막을 형성해 더 이상의 부식이 일어나지 않도록 스스로를 보호한다. 하지만 피막은 물리적 충격에 쉽게 손상되고, 손상된 부위는 빠르게 부식돼 품질이 떨어진다. 실외에 사용했을 때, 표면이 하얗게 변색되거나 얼룩이 생기는 이유다. 이에 전문가들은 외기로부터 표면을 보호하고, 건물에 보다 다채로운 표정을 입히기 위해 다양한 표면처리 방법을 개발해왔다. 글 정경화

효과적 피부보호막 재생
표면강화

1. 양극산화법(아노다이징, 알루마이트)

양극산화법은 전기화학적 방법으로 균일하고 치밀한 산화피막을 인위적으로 쌓아 올리는 표면처리 방식이다. 아노다이징[1], 알루마이트[2]이라고도 불리고, 대개 첫 번째 이름으로 더 친숙하다. 피막을 입히려는 제품을 (+)극, 알루미늄 판재를 (−)극에 연결하고 둘을 전해액[3] 속에 담근 뒤, 전류를 흘려보내면 (+)극에서 산소가 발생하면서 표면에 산화피막이 만들어진다. 사용하는 전해액에 따라 황산법, 옥살산법, 크롬산법 등의 방법이 있다. 그중 황산을 이용한 방법이 저렴하면서도 피막이 단단하고 균일해 가장 많이 사용된다.

양극산화법으로 만들어진 피막은 두께가 2.5μm 이상으로 자연 산화피막보다 훨씬 두껍고 본래의 색감을 오래 지속한다. 표면에 페인트나 금속 등 다른 물질을 덮어 씌우는 도장, 도금과 달리 제 몸의 일부를 피막으로 바꾸기 때문에 박리될 위험이 없고, 경도, 내열성, 내식성, 내후성, 내구성 등 성능 면에서도 모두 뛰어나다. 다공성 피막이므로 염료를 흡수시켜 색을 입히거나 기능성 물질을 흡착해 특성을 부여하고, 도장의 품질을 높이는 바탕면으로 활용할 수도 있다.

+TIP 양극산화법으로 처리한 알루미늄의 종류(KS D 8301)

양극산화법으로 처리한 금속은 피막의 평균 두께에 따라 종류를 구분한다. 두께가 3μm 이상이면 AA3, 5μm 이상이면 AA5와 같이 두께의 숫자를 따와 이름을 붙인다.

종류	최소두께(mm)	주요 용도
AA5	5	실내 건축자재, 가전 부품, 장식품, 차량 내장재 등
AA6	6	
AA10	10	
AA15	15	건축 외장재, 차량 외장재, 선박 등
AA20	20	
AA25	25	

양극산화법으로 표면처리한 알루미늄 프로파일.

2. 화성피막처리

화학반응을 일으켜 새로운 피막을 형성하는 방법. 전기와 화학반응을 함께 이용하는 양극산화법보다 방법이 간단하고 더 적은 비용으로 빠르게 피막을 생성한다. 하지만 피막이 두껍지 않아 내식성이나 내마모성이 낮은 편이다. 주로 지붕이나 벽체용 자재를 마감할 때 사용하고 표면의 접착력이 높아져 도장하기 전에 바탕면을 다듬는 데에도 쓰인다. 사용하는 화학 약품에 따라 알로다인alodine 피막법과 크롬산염 피막법(크로메이팅, chromating) 등이 있다.

알로다인 피막법은 표면에 약품을 바르고 물로 닦아내는 방식으로 작업이 간단하다. **크롬산염 피막법**은 화학 용액에 담그는 방식으로 복잡하거나 부피가 큰 형상, 많은 양도 한번에 작업이 가능한 것이 장점이다. 내마모성이 요구되지 않는다면 양극산화법보다 효율적이다. 양극산화법으로 처리한 표면이 손상되었을 때, 크로메이팅 용액을 발라 보수하기도 한다. 그러나 두 방법 모두 약품에 독성이 있어 사용 시 주의가 필요하다.

3. 도금

내식성, 내마모성 등 표면의 기능을 개선하거나 아름답게 보이기 위해 다른 금속을 얇게 피복하는 방법. 금속 표면에 얇은 다른 금속판을 덧대어 압연하거나 붙이는 것은 합판clad으로, 도금과는 구별된다. 금속을 녹여 액체 상태로 만든 뒤에 표면에 바르거나 뿌리는 방법도 있지만 전기분해를 이용하는 전기도금이 가장 일반적이다.

알루미늄은 대부분 양극산화법으로 표면을 마감했으나, 최근 용도가 다양해지면서 도금하는 비율도 늘었다. 가구와 자동차 산업에 활발히 적용되고, 광택이 뛰어나다 보니 작은 크기의 압출재를 도금해 포인트 요소로 쓰는 경우가 많다. 대표 도금 금속은 니켈과 크롬이다. 장식이 목적일 때는 니켈과 크롬을 함께 쓰고, 비행기나 자동차 등 내마모성이 중요한 경우에는 경도가 높은 크롬으로 도금한다.

도금은 광택이 뛰어나 가구, 자동차의 포인트 요소로 많이 쓰인다.

다채로운 표정을 만들다
색상과 질감

1. 도장

표면에 페인트를 칠해 피막을 형성하는 방법. 내구성과 내식성을 높이고 다양한 색상과 질감, 광택을 구현해 아름답게 한다. 사용하는 페인트의 종류에 따라 목재나 석재의 모습을 모사하거나 내화, 살균, 방염 등의 기능을 추가로 하기도 한다. 넓은 면적에 균일한 색감을 얻을 수 있지만 양극산화법에 비해 내마모성이나 내식성이 낮고 금속의 고유한 색감과 질감이 드러나지 않는 것이 단점이다.

    도장 방법에는 액체 상태의 페인트를 칠하거나 스프레이로 뿌리는 일반적 방식 외에 분말 형태의 분체 도료를 칠하고 고온에서 굳히는 분체도장, 페인트에 물체를 담그고 전류를 흘려 도장하는 전착도장 등이 있다. **분체도장**은 유해한 희석제를 쓰지 않는 친환경적 방식으로 점점 사용이 늘고 있고, 다이캐스팅[4] 제품에 많이 적용된다. **전착도장**은 페인트에 담그는 방식으로 형태가 복잡하고 요철이 많은 부위에도 구석구석 균일한 도막을 만들 수 있다(김04 페인트편 p.44~47 참고).

    도장 품질을 높이기 위해서는 표면의 기름층과 이물질을 제거하고 블라스트 같은 기계적 방법으로 갈아내는 등 바탕면 작업을 꼼꼼히 해야 한다. 아노다이징 공정이 끝나고 바로 작업하는 것이 좋다.

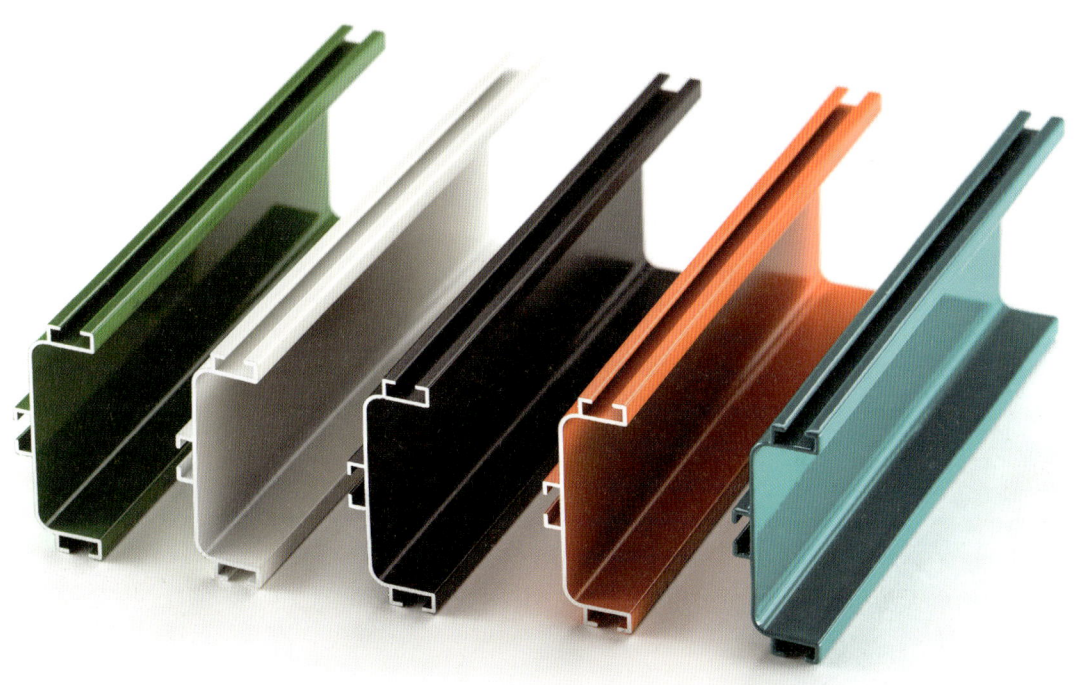

도장은 표면에 페인트를 칠하는 방법으로 다양한 색상과 질감을 구현한다.

2. 헤어라인 hairline

가는 선을 무수히 그은 듯한 질감이 머릿결을 닮아 헤어라인이라는 이름이 붙었다. 기계나 사포, 금속 브러시로 표면을 한쪽 방향으로 갈아내어 질감을 만든다. 가공 후에는 아노다이징, 도장 등의 처리를 더해 표면을 보호하고 내구성을 높인다. 외관이 고급스럽고 아름다우며, 흠집이나 손상이 생겨도 덜 드러나 계단 난간이나 문틀 등의 하드웨어, 가구, 가전 제품에 많이 쓰인다.

헤어라인과 비슷한 마감 방법으로는 도트라인 dotline 과 스핀 spin 이 있다. **도트라인**은 헤어라인에 비해 줄이 좀 더 두껍고 끊김이 있다. **스핀**은 머리카락처럼 가는 선을 직선이 아닌 원형으로 그어 표면에 나이테 모양의 수많은 동심원 무늬를 만든다. 무늬를 바라보는 각도에 따라 광택이 달라져 입체감과 리듬감이 느껴진다. 건축 자재보다는 노트북 같은 전자 기기의 버튼이나 로고를 강조하는 데 사용된다.

3. 블라스팅 blasting

표면에 연마재를 고속으로 분사해 불순물을 제거하고 따뜻한 질감을 낸다. 연마재가 부딪히는 힘에 의해 표면이 단단하고 강해져 힘을 받는 부재에 효과적이다. 또 거칠어진 면이 도장의 부착력을 높여줘 바탕면 작업에 쓰이기도 한다. 연마재로는 금강사[5], 스테인리스 스틸 볼, 모래, 산화알루미늄 분말이나 유리 가루 등 경도가 높으면서 입자가 모나지 않고 미세한 소재를 사용한다. 모래를 이용하는 샌드 블라스팅(샌딩)이 가장 일반적이다.

헤어라인의 일종인 스핀은 나이테 모양의 수많은 동심원 무늬가 특징이다.

블라스팅은 표면에 연마재를 고속으로 분사하는 물리적인 방법으로 질감을 낸다.

4. 연마

광택을 조절하는 마감 방법. 작업 방식에 따라 기계적 연마와 전해 연마, 화학적 연마가 있다. **기계적 연마**는 그라인딩과 버핑으로 나뉜다. **그라인딩**은 브러시를 회전시켜 표면을 부드럽게 갈아내고, **버핑**은 연마재를 바른 버프[6]를 표면에 대고 고속으로 회전시켜 평활도와 광택을 높인다. **전해 연마**는 아노다이징과 비슷한 방법으로 전류를 이용한다. **화학적 연마**는 강한 산성 또는 염기성 약품을 이용해 표면을 녹이는 방식으로, 복잡한 형태의 물체를 연마할 때 효과적이다.

용어정리

1) 아노다이징(anodizing): 양극을 뜻하는 아노드anode와 산화를 뜻하는 옥시다이징oxidizing의 합성어로 양극산화법을 의미한다.
2) 알루마이트(alumite): 양극산화법의 일본식 표현. 수산법을 최초로 개발한 일본에서 사용하던 용어다.
3) 전해액: 전기분해를 하기 위해 전지의 양극과 음극을 담그는 용액.
4) 다이캐스팅: 형상에 맞춰 기계로 가공한 틀에 녹인 금속을 주입하여 똑같은 주물을 얻는 정밀주조법. 다이 주조라고도 한다. 치수 정확도가 높고 대량생산이 가능하다. 자동차 부품을 비롯해 전기 기기, 광학 기기, 건축의 부품 생산에 쓰인다.
5) 금강사: 진한 적갈색을 띠는 석류석의 작은 결정. 분말 그대로 또는 사포로 만들어 연마재로 쓴다.
6) 버프: 원형의 천이나 가죽을 원판 형상으로 단단하게 봉합하고 연마재를 도포한 것으로 물체의 표면에 광택을 내기 위해 사용한다. 주로 면포를 이용하고 합성수지, 동물의 털을 쓰기도 한다.

Reportage

금속 가구에 따뜻한 질감을 입히다

영광금속 김병훈 대표

금속은 무겁고 차갑다는 인상 때문에 가구에서는 손잡이, 경첩 등으로 제한되게 쓰였다. 그러나 알루미늄을 주 재료로 사용해 금속의 색다른 매력을 전하는 가구 브랜드가 있다. 알루미늄 가공업체인 영광금속에서 만든 알루퍼스다. 70년 동안 축적해온 가공과 표면처리 기술은 알루퍼스 가구 특유의 이음새가 드러나지 않는 구조와 따뜻한 광택을 만들었다. 평택 영광금속 공장에서 김병훈 대표를 만나 소비자에게 친근한 알루미늄을 만드는 그들의 이야기를 들었다. 인터뷰 정경화

감씨(감): 제조업에서 가구까지 영역을 넓혔다. 어떤 계기로 가구를 제작하게 됐나?
김병훈(김): 예전에는 오디오 패널과 알루미늄 TV 프레임을 생산했다. 그러나 2000년 즈음 오디오 생산 기업이 중국으로 진출하고 플라스틱 프레임 TV가 등장하면서 생산량이 크게 줄었다. 이를 계기로 수주 생산보다 자체 제품을 개발해야겠다고 다짐했다. 알루미늄으로 만들 수 있는 것을 고민하다가 가구를 떠올렸고, 이후 유럽의 여러 가구쇼나 박람회를 오가며 가구 제작을 공부했다. 10년에 걸쳐 디자인과 구조를 개발한 끝에 2009년 한국국제가구 및 인테리어산업대전 KOFURN, 2010년 리빙디자인페어에서 처음 제품을 선보였다.

감: 접합 부위가 드러나지 않는 디자인으로 소재의 매력을 더욱 강하게 드러냈다.
김: 알루미늄을 결합하는 가장 확실한 방법은 용접이다. 그러나 열을 가하면 표면의 품질이 떨어지고 후처리가 어려워 대부분 볼트로 접합하는 방식을 쓴다. 우리 디자인의 핵심은 소재의 아름다움을 단순하고 깔끔하게 드러내는 것이다. 이를 위해 이음새가 드러나지 않는 볼트 접합 구조를 개발했고, 제작에 필요한 조립 공구까지 직접 만들었다. 실제로 제품을 본 사람들이 조각하거나 본드로 붙였냐고 물을 정도로 기밀하다.

감: 테이블과 의자, 수납장과 오디오랙 등 여러 종류의 가구를 생산한다. 특히 어떤 제품을 주력으로 하나?
김: 테이블이 15종으로 종류가 가장 다양하지만, 주력 제품은 오디오랙이다. 하이엔드 오디오를 두는 장식장으로, 시장 인지도가 높고 마니아층이 많다. 하이엔드 오디오를 사용하는 마니아들은 소리에 민감하다. 알루퍼스의 오디오랙은 진동을 최소화하는 단순한 구조로 제작해 소리가 가능한 그대로 전달되도록 돕는다. 하이엔드 오디오는 대부분 알루미늄 소재라 미적인 통일감도 있다.

평택에 위치한 영광금속 공장 전경.

감: 가구재는 목재와 철재가 대표적이다. 그와 비교해 알루미늄의 장단점이 궁금하다.
김: 알루미늄은 목재보다 강도가 높고 더 큰 하중을 지지한다. 하지만 자연스럽고 따뜻한 느낌이 부족하다. 피할 수 없는 금속의 속성이다. 우리는 눈으로 볼 때만이라도 좀 더 따뜻하게 느껴지도록 표면처리 과정에서 질감과 색을 내는 데에 집중했다.
　철재와 비교하면 강도는 낮지만 압출 방식으로 생산이 가능해 가공이 쉽고, 마무리가 훨씬 깔끔하다. 또 철재는 표면처리 방법이 도장 또는 도금으로 제한적인데 반해, 알루미늄은 아노다이징이 있다. 아노다이징은 알루미늄의 산화 과정을 인위적으로 극대화하는 방법(p.116 참고)으로, 본래의 물성을 그대로 유지하면서 경도와 내식성은 전보다 강화한다. 소비자들은 아노다이징한 표면에 도장이나 도금을 추가로 해야 한다고 생각하지만 그렇지 않다. 도장이 더 저렴함에도 아노다이징을 하는 것은 알루미늄의 고유한 특징이 사라지지 않기 때문이다. 다른 소재로 표면을 덮는 도장, 도금에 비해 훨씬 자연스럽고 질감이 따뜻하다.

감: 가구의 품질을 높이는 독자적인 노하우가 있다면?
김: 우리는 전자 부품을 주로 생산해왔기 때문에 가구 업계보다 생산 오차가 훨씬 작다. 가구 업체의 오차가 1~2mm라면, 우리는 0.05mm 정도다. 색상 차이도 훨씬 작다. 오디오 패널을 생산할 때부터 색상 편차를 줄여 달라는 요구에 꾸준히 대응하며 품질을 높인 결과다. 아노다이징

이음새가 드러나지 않는 디자인을 구현하기 위해 새로운 접합 구조를 개발하고, 조립 공구까지 직접 제작했다.

과정에서 온도와 약품 농도, 시간 등의 조건이 계속해서 같게 유지되도록 계량 방법을 개발하고 수치화하여 정확하게 관리한다.

감: 가구 재료로는 어떤 종류의 알루미늄 합금을 사용하나?
김: 알루퍼스 가구의 경우, 기둥이나 부품을 만드는 압출재는 6063, 6061 합금을, 판재는 1050 합금을 쓴다. 1000계열은 구부리거나 꺾는 등 형태를 가공하기에 유리하다. 그러나 오디오랙 판재에 1000계열을 쓰면 소리에 영향을 주어 대신 6000계열을 쓴다. 3000, 7000 계열은 강도가 뛰어나지만 표면처리 했을 때 검은색을 띠거나 색감이 좋지 않아 가구 재료로는 잘 쓰지 않는다.

감: 표면은 헤어라인, 도트라인, SV의 세 가지 방법으로 마감한다. 각각에 대해 설명해 달라.
김: 표면마감은 크게 기계적 방법과 화학적 방법으로 나뉜다. 헤어라인과 도트라인은 기계적 마감이다. **헤어라인**은 머리카락처럼 가늘고 긴 줄이 겹겹이 이어진 무늬이고, **도트라인**은 줄이 좀 더 두껍고 끊겨 있다. 테이블 매트처럼 늘 손에 닿는 소품은 가는 헤어라인으로, 책장처럼 사람과 거리를 두는 가구는 밋밋해 보이지 않도록 두껍고 대비가 강한 도트라인으로 가공한다.
SV 처리는 우리가 이름 붙인 방법으로 물리적인 가공인 블라스팅을 화학적으로 구현한다. 표면이 매끄럽고 촉감이 부드러운 것이 장점이다. 가구의 포인트 부분에는 빛나는 광택이 특징인 도금 방식을 쓰기도 한다.
대개 색상은 은은하고 따스한 금빛을 내는 샴페인 골드, 가지색을 닮은 퍼플 그레이를 선호하고, 질감은 SV와 헤어라인이 인기다.

감: 최근 새로이 개발하는 제품이나 기술이 있나?
김: 제조를 기반으로 하는 업체이다 보니 제품을 꾸준히 생산하는 것이 중요하다. 최근에는 모듈러 가구를 개발 중이다. 450, 600, 900, 1,200mm 길이의 단위 모듈을 생산하고 이를 조합해서 쓰도록 디자인했다.
개인적으로 개발해보고 싶은 것은 실용성 있는 백색 아노다이징 기술이다. 도장처럼 표면을 덮지 않으면서 알루미늄 본래의 회색이 보이지 않는 안전한 백색이다. 이론적으로는 가능하지만 제품으로 양산하기가 어렵다. 완전한 백색 피막이 양산된다면 가구를 비롯해 다양한 용도에 쓰일 것이다.

감: 직접 알루미늄 가구를 디자인하고 생산하면서 아쉬운 점이 있다면?
김: 소비자의 반응은 좋으나 구매까지 연결되는 경우가 많지 않다. 수주 생산을 주로 해오다 보니, 시장에 판매하는 능력이 부족하다. 알루퍼스의 매출은 연간 1억 5천만 원 정도로, 영광금속 전체 매출의 5%가 안된다. 공방에서 만드는 가구와는 결이 다르고 그렇다고 기업처럼 대량생산할 정도의 인지도도 아닌 애매한 위치다.
알루미늄 가구를 생산하는 기업은 전 세계적으로 봐도 이탈리아의 몰테니앤씨 Molteni&C, 리마데시오 Rimadesio, 발쿠치네 Valcucine 정도로 드물다. 아직까지 소비자에게는 생소한 분야다. 알루퍼스 역시 일반 소비자보다는 디자이너가 선호하는 편이다. 요즘에는 새로운 판로를 찾아 가정용 가구가 아닌 고급 사무용 가구, 공공 가구로 용도를 바꿔보고 있다. 국내시장은 너무 작아서 해외에서 좀 더 기회를 만들어보려 한다.

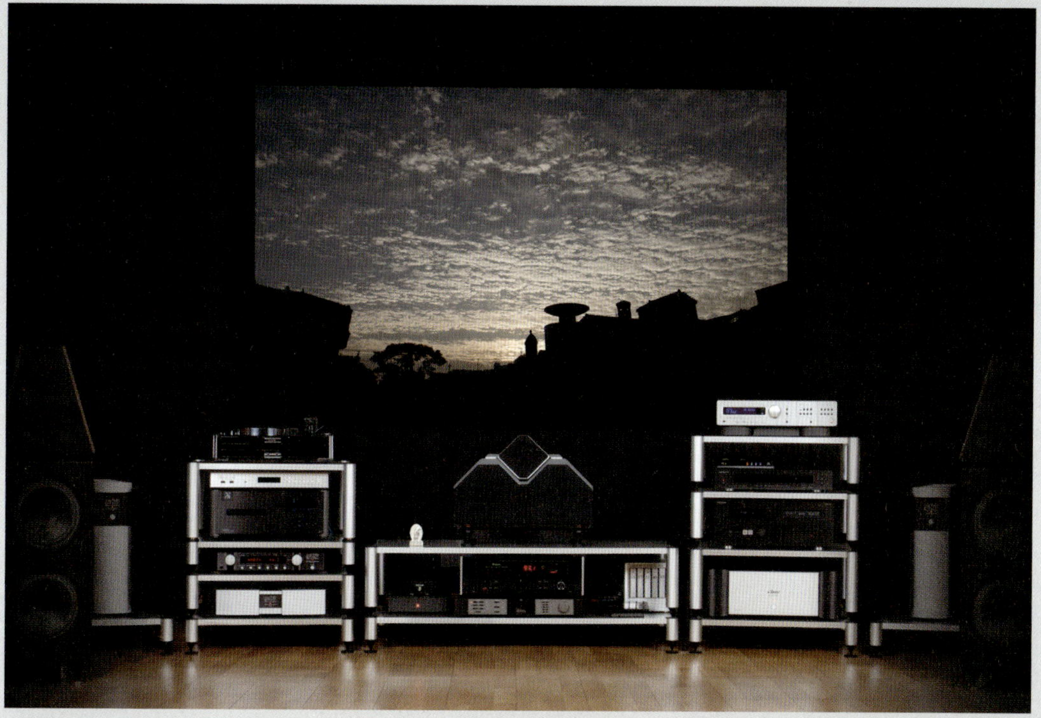

알루퍼스 제공

알루퍼스 제공

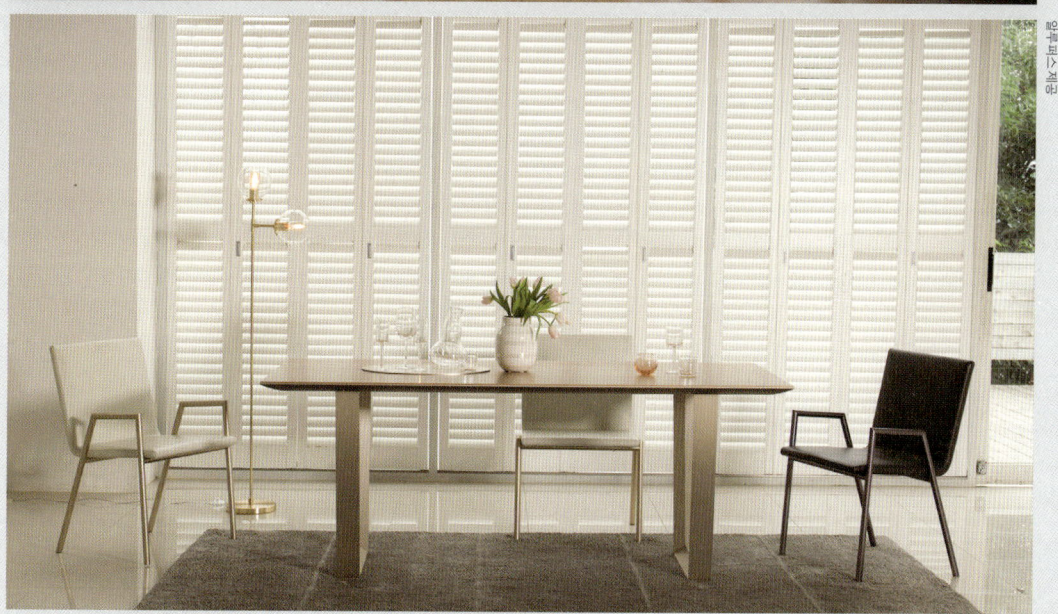

(위쪽부터)오디오랙 제품인 벨라VELA와 트라이앵글 테이블.

**알루미늄 가구 제작 과정:
거친 알루미늄이 생활 속
가구가 되기까지**

2,150m² 면적의 평택 영광금속 공장은 쉴 새 없이 알루미늄을 자르고 두드리는 소리로 가득 차 있다. 이곳에서 형태를 만들고 표면을 다듬어 완성된 부재는 현장에서 전문가가 직접 볼트로 접합하고 설치해 가구의 모습을 갖추게 된다.

1 절단과 압출 원자재를 재단하고 압출하는 과정. 45°의 기울어진 각도로도 재단이 가능하다. 압출재는 2.5m 길이의 바 형태로 들여오고, 판재는 대개 지정한 크기대로 재단해 들여온다.

2 형태 가공 구멍을 뚫거나 두드리고 깎는 물리적 방법으로 형태를 가공한다.

3 기계적 표면 가공 전용 기계로 물리적 힘을 가해 표면에 헤어라인, 도트라인 등의 질감을 낸다. 곡면이나 경사면 등 표면이 평평하지 않을 때에는 사람이 직접 솔질하기도 한다.

4 아노다이징 전처리 아노다이징 전에 화학적 방법으로 표면을 다듬는 공정. 표면의 기름을 제거하는 탈지, 약품으로 인해 생기는 때를 제거하는 디스머트, 광택을 내는 과정 등이 있다. 각 단계마다 물로 표면을 씻는 수세 과정을 거친다.

5 아노다이징 황산 수용액에 알루미늄을 담그고 음극과 양극으로 전류를 가해 표면에 산화피막을 만든다. 아노다이징이 끝난 다음에는 하자를 줄이기 위해 수세를 더 꼼꼼히 한다.

6 착색 원하는 색상의 염료를 넣은 탱크에 알루미늄을 담가 아노다이징 과정에서 생성된 산화피막층에 색이 스며들게 한다. 담그는 시간은 색상에 따라 5~70분까지 달라진다.

7 봉공 아노다이징과 착색이 끝난 후 표면의 미세한 산화알루미늄 구멍을 막는 과정. 약 85℃의 물에 실링용 약품을 섞고 제품을 담가 처리한다.

8 인쇄와 건조 실크스크린 인쇄를 마친 후 150~180℃로 가열한 건조로에서 10~20분 정도 건조한다. 건조가 끝나면 품질을 검수한 후 포장하여 출하한다.

3.3

Atypical Architecture with Aluminum

유연한 비정형

경량성과 가공성을 동시에 갖춘 알루미늄은 건축에서 자유로운 형태의 구현을 가능케 했다. 소재의 물성을 적극적으로 활용해 비정형의 아름다움을 실현하는 건축가와 엔지니어링 회사를 만났다.

Interview

Treatment of Aluminum

자유로운 형태를 구현하다

위드웍스는 비정형 건축의 구현을 돕는 디지털 패브리케이션 엔지니어링 회사다. 김성진 대표는 국내 비정형 건축의 기반이 채 갖춰지기 전부터 직접 몸으로 부딪히며 기술을 익히고 다른 산업의 방식을 접목하며 노하우를 쌓아왔다. 비정형 건축을 구현하는 여러 외장재 중 알루미늄은 80~90%의 비율로 가장 활발하게 사용된다. 그는 알루미늄에 대해 "뛰어난 성형성을 이용해 건축가의 상상력을 가장 쉽고 경제적으로 실현하는 재료"라고 말한다. 인터뷰 정경화 인터뷰이 위드웍스 김성진 대표

감씨(감): 비정형 건축이라는 특화된 분야를 다룬다.

김성진(김): 6년 정도 설계사무소에서 실무를 경험하고, 2007년 위드웍스를 설립했다. 지금은 프로젝트의 대부분이 비정형 건축이지만 처음에는 정형 건축물을 설계하면서 비정형 작업을 겸하는 식이었다. 비정형에 대한 수요를 느끼면서 관련 작업을 조금씩 늘려갔고, 2010년 아이아크 건축사사무소에서 설계한 인천세계도시축전 기념관(이하 트라이볼) 작업에 참여하면서 본격적으로 이 분야에 뛰어들었다. 트라이볼은 국내에서 디지털 패브리케이션[1]으로 비정형 건축을 완성한 첫 사례다. 우리는 외장재 공사 단계에서 형태 구현을 위해 현장에 투입됐다. 시공 중인 건물을 측량한 자료와 도면을 검토하며 작업의 정확도를 높였고, 패널의 오차가 심하면 재시공하기도 했다.

비정형 건축은 마감재와 철골구조, 둘을 고정하는 바탕체가 모여 하나의 시스템을 이룬다. 우리가 하는 일은 이 시스템을 제안하는 것이다. 형상과 재료, 구조를 파악하고, 그에 맞는 공법을 제안하는 '엔지니어링' 과정을 통해 디자인을 보다 효율적으로 구현한다.

감: 구체적으로 프로젝트에서 어떤 작업을 하는지 궁금하다.

김: 업역이 명확하게 분류되어 있지 않아 제조사, 시공사라는 오해를 받는다. 정확히 말하면 3D 설계를 기반으로 비정형 건축 시공 엔지니어링을 하는 건축설계사무소다. 설계부터 시공까지 전 과정에 걸쳐 참여하고, 작업은 크게 설계와 시공으로 나뉜다.

설계 과정은 실시설계 단계에서 건물의 형상에 적합한 공법과 구조를 검토하고 설계를 구체화해 도면과 시방서, 내역서를 작성한다. 참여하는 기간은 3~6개월 정도로 짧은 편이다.

반면 **시공 과정**은 디자인을 실제 건물로 구현하는 작업으로, 도면 작성부터 자재 가공, 시공 관리까지 업역이 넓고 건축 규모에 따라 기간이 길어지기도 한다.

비정형 건축은 도면대로 시공하고 현장에서 실측해 확인하는 일반적인 방법으로는 관리가 불가능하다. 때문에 건물의 품질을 확보하기 위해 **역설계 기법**을 적용하기도 한다. 이는 시공 중인 건물의 형태를 스캔한 모델링 자료를 기준으로 도면을 한 번 더 수정하고 외장재를 제조하는 방법이다. 이렇게 하면 시공 오차를 반영해 완성도를 높일 수 있다.

감: 디자인을 구현하는 과정에서 정형 건축물과는 어떤 차이가 있나?

김: 일반적으로 건축은 창호, 문 등 완성된 제품 외에는 모두 현장에서 지어진다. 그러나 비정형 건축은 대부분 공장에서 사전 제작한다. 시공보다는 제조에 가깝다. 사람이 시공할 때의 오차가 10mm 내외라면 기계의 제조 오차는 1~2mm다. 비정형 건물에서 10mm 이상 오차가 생기면 눈으로만 봐도 형태에서 이질감이 느껴진다. 공장에서 기계가 제조하는 경우,

인천세계도시축전 기념관(트라이볼)

설계 아이아크
건축사사무소
위치 인천광역시
연수구 인천타워대로 250
대지면적 12,300m²
연면적 2,764m²
규모 지상 3층,
지하 1층
구조 철근콘크리트조
철골 트러스
마감 노출콘크리트
알루미늄 패널
완공 2010년 2월
사진 박영채

도면대로 부재를 생산하고 부재번호와 조립용 구멍까지 가공한다. 현장에서는 공장에서 제작한 부재를 시방서와 도면에 맞춰 조립하여 완성한다. 조립만 하면 되니 목수가 필요 없고, 작업자의 숙련도에 따라 건축의 품질이 좌우되지 않는다.

감: 비정형 건축의 공법, 특히 알루미늄을 이용하는 방법은 어떤 것이 있는지 궁금하다.
김: 알루미늄을 마감재로 쓰는 공법에는 시트 평이음 공법과 스티프든드 stiffened 패널 공법이 있다. **시트 평이음 공법**은 합판으로 형상을 만들고 0.5mm 두께의 얇은 알루미늄 판을 이어 붙여 감싸는 방식이다. 간단하고 비용이 저렴하지만 자재를 형상에 맞춰 성형하는 것이 아니므로 원래 모습으로 돌아가려는 힘이 강하다. 형태 변화가 적을 때에는 유리하지만 곡률이 커진다면, 대응이 어렵다.

스티프든드 패널 공법은 건물의 형상을 일정한 규격으로 분할한 후 각 부위의 곡면에 맞춰 알루미늄 패널과 보강재 stiffener 를 성형하고, 둘을 접합해 비정형을 유지한다. 방패연에 비유하자면 패널은 창호지, 보강재는 창호지를 붙잡고 있는 대나무살이라고 이해하면 쉽다.

이때 해당 부위의 곡면이 1방향 곡면인지 2방향 곡면인지에 따라 패널을 성형하는 방법이 달라진다. **1방향 곡면 패널**은 한 방향으로만 곡률이 있는 형상으로 대부분의 가공업체에서 작업이 가능하다. 콘 형태인 트라이볼이 대표 작업이다.

2방향 곡면 패널은 두 방향으로 곡률이 있는 좀 더 복잡한 형상이다. 알루미늄 패널에 열을 가해 말랑하게 만든 뒤, 형상에 맞춰 제작한 틀 위에 놓고 압력을 가하는 핫스탬핑 방식으로 형태를 성형한다. 국내에서는 유창(p.86 참고)에서만 가공한다.

감: 서울대학교 버들골 풍산마당(2015)에는 시트 공법과 패널 공법을 함께 사용했다.
김: 건물의 형상에 따라 여러 공법을 혼용하기도 한다. 보이드아키텍트건축사사무소에서 설계한 서울대학교 버들골 풍산마당은 패널 공법을 기본으로 하고 곡률이 규칙적인 부위에는 알루미늄 판재를 평이음으로 시공했다.

패널 공법을 적용할 때에도 1방향과 2방향 곡면을 혼용한다. 비정형은 곡률이 일정한 구나 원통 형태가 아닌 이상 대부분 2방향 곡면이다. 그러나 1방향 곡면에 비해 가공이

서울대학교 버들골 풍산마당

설계 보이드아키텍트 건축사사무소
위치 서울대학교 관악캠퍼스 내
대지면적 3,895m²
연면적 794m²
규모 지상 2층
구조 철근콘크리트조 철골조
마감 알루미늄 패널 알루미늄 시트 평이음 노출콘크리트
완공 2015년 9월
사진 김재윤

T-BAR

알루미늄 패널

CNC T-BAR 형상제어시스템

어렵고 비용도 훨씬 많이 든다. 디자이너가 계획한 형태를 최대한 효율적으로 구현하기 위해 눈으로 식별하기 어려울 정도로 미세한 2방향 곡면 모듈은 설계 단계에서 가능한 한 1방향 모듈로 바꾼다. 대개는 2방향 곡면의 비율을 10~20%까지 낮출 수 있다.

갑: 위드웍스만의 특화된 기술이나 노하우가 있다면?

김: 비정형 건축은 공장, 시공사 등 각 분야의 전문가가 여러 공정을 동시에 진행하기 때문에 기준이 매우 중요하다. 우리는 항공기나 배를 만들 때 쓰는 CNC[2] T-BAR 형상제어시스템을 건축에 적용했다. 건물 형상을 3D 좌표로 표현하고 그에 맞춰 외장재를 제작, 시공해 오차를 줄이고 정확도를 높인다. T-BAR[3]를 일정 간격마다 설치하고, 각 좌표의 단면에 맞춰 제작한 패널을 위치제어 브래킷을 이용해 연결한다. T-BAR는 패널의 형상을 유지하고 하중을 지지하는 동시에 공장과 현장에서 시공의 기준이 되는 좌표로 역할한다. 지금은 대부분의 비정형 패널 시스템에 적용되고, 2방향 곡면 패널 시스템에는 무조건 이 방식을 쓴다.

갑: 비정형 입면을 구현하는 여러 재료 가운데 알루미늄 패널의 장점은 무엇인가?

김: 외장재로는 금속 패널, GFRC[4], 유리를 주로 쓴다. 알루미늄 패널은 복잡한 형상을 가장 경제적으로 구현하는 재료다. 철재는 무거워 작업성이 떨어지고, 녹이 스는데 반해 알루미늄은 가볍고 유지보수가 쉽다. GFRC는 성형성이 뛰어나고 가공 가능한 크기가 매우 크다. 그러나 틀에 부어서 굳히는 습식 재료라 비용이 많이 들고 작업의 난이도가 높다. 유리는 곡면 가공이 어려워 대개 곡면을 작은 평면 부재로 잘게 나누는 세그먼트 공법으로 시공한다. 반드시 전문 구조설계가 필요하고, 작업이 까다로워 시공하자가 많은 편이다.

갑: 비정형에 쓰이는 알루미늄 패널의 소재, 규격 등 조건이 궁금하다.

김: 패널에는 대개 3000계열의 알루미늄을 사용하지만 비정형 건축에서는 강성과 용접성이 더 뛰어난 5000계열을 쓴다. 규격의 경우, 폭은 750~900mm로 정해져 있고 길이는 원하는 대로 재단이 가능하다. 다만 패널의 크기가 커질수록 평활도가 떨어지므로 대개 1,600~1,700mm를 쓴다. 두께는 대부분

미국의 건축설계사무소 애심토트 Asymptote와 이가종합건축사사무소가 설계한 물 문화관 (디아크, 2011). 아래쪽은 ETFE 필름을, 위쪽은 알루미늄 패널을 재료로 하여 비정형을 구현했다.

제작해야 하고 비용이 많이 들어 다양한 형태를 소량으로 만드는 경우에는 효율성이 떨어진다.

감: 국내에서 비정형 분야를 작업하면서 느낀 문제나 어려움은 어떤 것이 있나?

김: 기존의 기술은 대부분 정형 건축물에 맞춰져 있다. 건축은 단가 위주로 진행되는 산업이라 새로운 기술을 접목하기도 어렵다. 또 설계 단계에서 공사비가 산정되지 않으면 비용이 높은 디지털 제조는 아예 불가능하다. 최저 가격으로 시공사 입찰을 거치다 보면, 장비도 경험도 없는 소규모 업체가 비정형 건물을 시공한다. 자연히 품질이 떨어지고 하자가 발생한다.

설계 단계에서 형태에 맞지 않는 공법을 선택했다가 하자가 발생해 재시공하는 경우도 있다. 인천남동문화예술회관은 비정형 부위의 시공 품질이 낮아 준공 후에 다시 시공했다. 의뢰를 받고 진단한 결과, 원인은 형상의 곡률이 심해서 패널 공법을 써야 했는데 시트 공법으로 시공했기 때문이었다. 곡면이 잘 나오지 않으니 나사못을 덧대었고, 그 틈으로 누수가 생겼다. 이처럼 공법을 잘못 선택하면 시공 단계에서 해결할 방법이 없다. 그만큼 엔지니어링의 역할이 중요하다.

3mm이고 4mm를 넘지 않는다.

또 정형 건축물에서는 알루미늄 복합패널과 알루미늄 패널을 크게 구분 없이 쓰지만 비정형 건축물에서는 둘을 구분해서 사용한다(p.44 참고). 알루미늄 패널은 두꺼운 마분지고, 복합패널은 종이로 겉을 얇게 감싼 폼보드라고 이해하면 쉽다. 알루미늄 패널은 마감재를 구부리는 곡면 디자인에, 복합패널은 마감재를 꺾거나 접는 디자인에 유리하다. 재료를 선택할 때 이러한 특성을 제대로 이해하지 않으면 시공 단계에서 문제가 생긴다.

감: 알루미늄 패널을 적용하기 어려운 경우는 없나?

김: 금속 패널은 틀에 대고 눌러서 만들기 때문에 곡률이 심할수록 구현이 어렵고 제작 비용이 기하급수적으로 늘어난다. 또 틀을 일일이

용어정리
1) 디지털 패브리케이션: 디지털 기술을 이용해 제품을 제작하는 기술을 총칭하는 단어.
2) CNC: 컴퓨터 수치 제어(Computer Numerical Control)의 약자. 컴퓨터로 기계를 제어하여 제품을 가공하는 방식을 뜻한다.
3) T-BAR: 건물의 각 좌표에서의 형상에 맞추어 조립, 제작한 T자형 단면 부재.
4) GFRC(Glass Fiber Reinforced Concrete): 유리섬유보강콘크리트. 유리섬유를 콘크리트에 혼합한 것으로, 섬유가 골재를 얼기설기 붙잡고 있어 힘이 가해졌을 때 기존 콘크리트보다 큰 저항성을 갖는다.

희림종합건축사사무소에서 설계한 MBC 상암동 신사옥 판매시설(2013). 위드웍스에서 비정형 건축 시공 엔지니어링을 담당했다.

김성진 (위드웍스 대표)
건국대학교 건축공학과를 졸업하고, 건축연구소TOP, 테제에서 실무 경험을 쌓았다. 2007년 위드웍스를 설립하여 현재 ㈜위드웍스 에이앤이 건축사사무소의 대표이사로 근무 중이다. 국내 다양한 비정형 건축의 엔지니어링을 해오고 있으며, 대표 작품으로는 디아크, 트라이볼, 롯데월드타워 포디움 등의 엔지니어링 작업이 있다. www.withworks.kr

interview 2

예술과 기술을 혼연한 3차원 주조

삶것건축사사무소 양수인 건축가
현대아트 박태규 사장

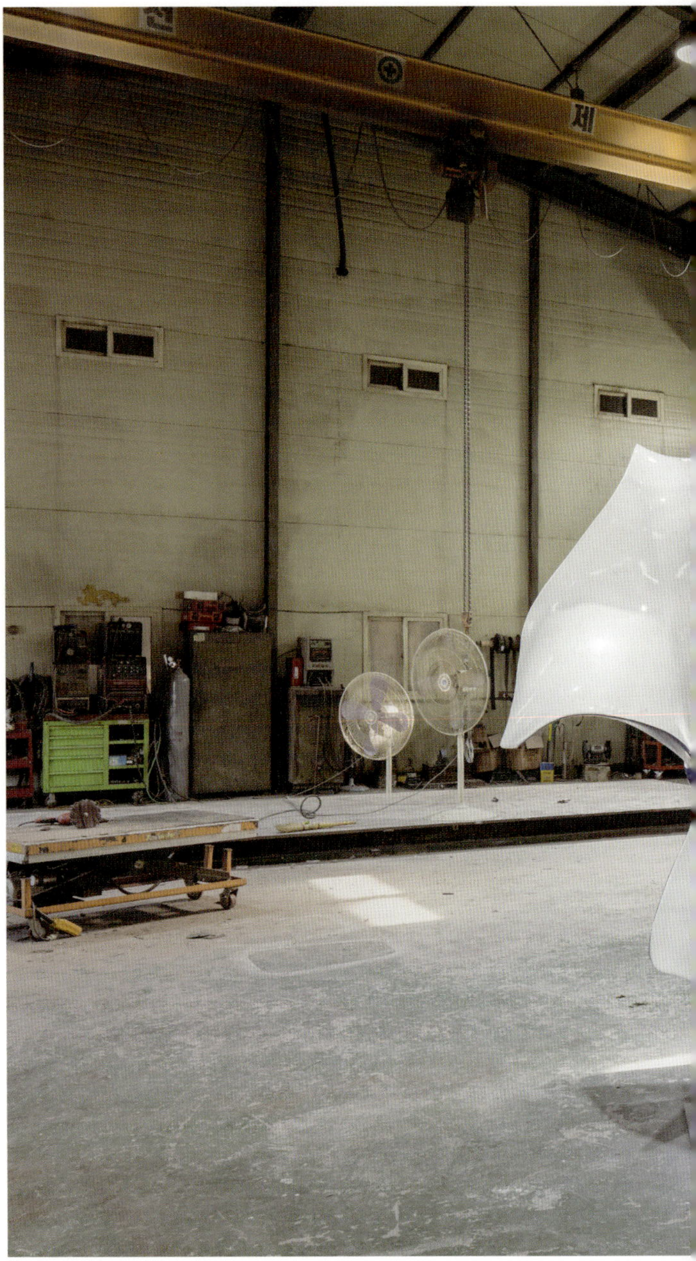

-
자이로이드 트레포일 Gyroid Trefoil 은 성수동 지식산업센터에 설치되는 실외 미술 조형물로,
삶것건축사사무소에서 디자인하고 금속 주조 업체인 현대아트에서 제작해 완성됐다. 그것은 뫼비우스의
띠처럼 연속된 선이 세 개의 고리를 만드는 트레포일에서 기원한 형태로, 인공지능기술(A.I, Artificial Intelligence)의
검토를 거쳐 만들어졌다. 건축가 양수인을 만나 A.I 시대 예술적 창작성의 본질은 과연 무엇인지 질문을
던졌다. 인터뷰 심영규

감씨(감): 자이로이드 구조를 적용하게 된 배경이 궁금하다.

양수인(양): 2018년 한 철강회사 사옥의 조형물을 디자인하면서 처음 적용한 구조다. 당시 단면 single surface이면서 2차 곡면 형태인 단단한 조형물을 구상했다. 초기 디자인 단계에서 유전자 알고리즘을 적용하고, 여러 차례의 디지털 시뮬레이션을 통해 형태를 발전해 나갔다. 시뮬레이션을 할 때는 표면적이 작으면서 구조적으로 처짐이 적고 단면 엣지의 길이를 길게 한다는 조건을 바탕으로 작업을 진행했다.

이러한 과정을 거쳐 만들어진 디자인은 부위마다 곡률이 달랐다. 하지만 재료로 선택한 철재는 가공성이 낮아 디자인을 구현하기에는 시간과 비용이 많이 들었다. 그래서 차선책으로 동일한 2차 곡면이 반복되어 무한히 연장 가능한 입체를 찾았고, 그것이 자이로이드 구조다.

자이로이드는 자연에서 진화되어 나타난 형태로, 구멍이 규칙적으로 반복되는 입체 구조다. 성수동의 조형물은 이 구조를 트레포일(trefoil, 삼엽형) 형태와 중첩한 다음 겹치는 부분을 형상화한 것이다.

이전의 작업은 지지점이 적어 자립이 어려웠다면, 자이로이드 트레포일은 자연의 진화된 구조와 안정적 형상의 힘을 빌려 구조적으로 더 견고하다.

감: 인공지능 시대의 창의성에 대한 이야기가 디자인의 원천이 됐다고 들었다.

양: 2016년 3월 바둑기사 이세돌이 컴퓨터 프로그램 알파고와의 바둑 대결에서 진 뒤에 했던 인터뷰가 있다. "예술과 창의성마저 '계산의 속도'에 지나지 않는다는 사실은 나뿐만 아니라 많은 인간에게 절망적인 이야기다. 주판과 암산이 중요하던 때만 해도 연산은 인간의 일이었다. 그러나 이제는 모든 것을 0과 1로 미분하는 컴퓨터의 일이 되었다. 컴퓨터는 바둑을 포함한 인간의 거의 모든 일을 미분해 처리할 수 있다." 그의 말대로 현대는 A.I가 모든 수를 내다보고 계산하여 인간의 창의력을 이기는 시대다. 그러나 인간의 창의력이 기계적 연산력의 도움을 받아 증폭될 수 있다는 이야기이기도 하다.

그동안의 디자인은 작가의 창의적 재현과 해석, 일련의 경험을 바탕으로 제작됐다. 하지만 앞으로는 아주 짧은 시간에 계산된 수천 가지 이상의 모델을 보고 그중 최적화된 디자인을 선택하는 과정 자체가 새로운 창의성으로 평가받을 수도 있다.

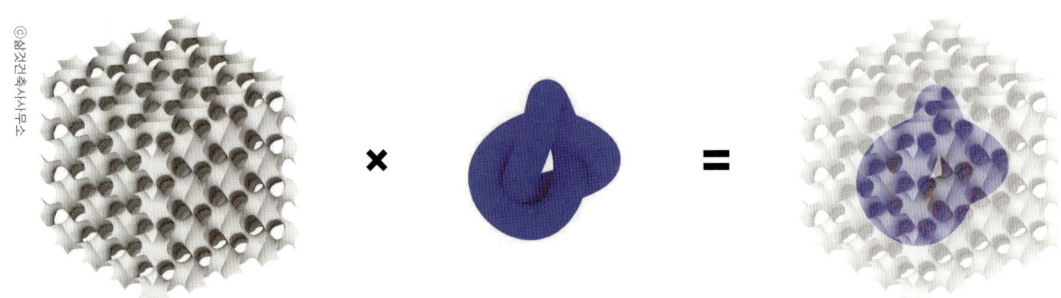

자이로이드 구조를 트레포일 형태로 잘라내 자립할 수 있도록 했다.

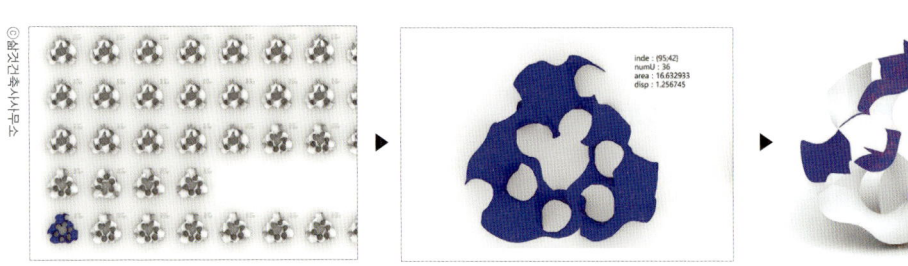

다목적 최적화 프로그램 적용 후 최종 모델 도출 결과.

이 구조물은 컴퓨터 알고리즘을 통해 조형적으로 아름다우면서 구조적으로 안정된 형태를 보여준다. 우리는 A.I 기술을 이용해 5,000개 이상의 모델을 검토하고 심미성과 안정성을 따져 최종 형태를 도출했다.

감: 결과적으로 제작은 벤딩이 아닌 주조를 택하게 됐는데 특별한 이유가 있나?

양: 최초 디자인은 철강 회사의 조형물이라 반드시 스테인리스 스틸을 사용해야 했다. 그래서 벤딩 외에는 대안이 없었다. 이번 작업은 소재 선택이 자유로워 알루미늄을 썼고, 곡면 성형에 유리한 주조로 제작했다. 주조를 맡은 현대아트는 2011년 서울시청 앞에 설치한 황동 조형물 '여보세요'라는 작업을 같이 한 곳이다.

박태규(박): 주조는 주철과 황동, 청동을 주로 사용하는데, 스테인리스 주조는 용융 온도가 매우 높고 후가공이 어려워 표면을 매끄럽게 하기 힘들다. 또 가공 과정에서 표면에 녹이 생기기도 한다. 반면 알루미늄은 주조성이 뛰어나 크기가 크거나 난이도 높은 형태도 제작이 가능하다. 주조로 하면 최대 6~7m 길이까지도 만들 수 있다.

자이로이드 트레포일은 크기가 3,700×2,280×3,500mm다. 두께의 경우, 처음에는 3mm로 계획했지만, 너무 얇으면 주물이 꽉 차지 않거나 후가공 시 문제가 생기고 시공성도 떨어진다. 그래서 가장 얇은 부분은 5mm, 힘을 많이 받는 가운데는 최대 10mm까지 두껍게 했다. 알루미늄은 차량용 바퀴의 뼈대를 만들 때 쓰는 4000계열을 사용했다.

2011년 서울시청 앞에 설치한 황동 조형물 작품 '여보세요'의 모습.

Gyroid Trefoil

설계 삶것(양수인, 신종혁), 김기영, 박제현
작품기획 artcenter nabi
발주처 SK D&D, SK 건설
위치 서울특별시 성동구 성수동 SK지식산업센터
규격 3,700×2,280×3,500mm
구조 알루미늄 단면 구조
주요 마감 자동차 도장
완공 2020년 4월
제조사 현대아트, 디자인통

알루미늄은 주조성이 뛰어나 길이가 7m에 달하는 커다란 크기나 난이도 높은 형태도 제작이 가능하다.

감: 조형물의 재료로 알루미늄을 사용하게 된 계기는?
박: 알루미늄은 연성이 있어 외력에 유연하게 버티며 부러지지 않는다. 또 가공이 쉽고 복잡한 형태도 정교하게 구현할 수 있어 비정형 건축물의 외장재로 많이 활용된다.

양: 재료의 가격도 훨씬 저렴하다. 황동의 경우 단위면적($1m^2$)당 130~150만 원인 반면, 알루미늄은 70~90만 원이다. 가벼우니 단면주조도 가능하다. 또 우리나라는 수작업이라 인건비의 비중이 큰 주조 작업에서는 아주 적합한 환경을 갖췄다. 한국의 제조산업은 선진국에 비해 기술 수준이 앞서 있으면서 인건비가 더 저렴하다. 선진국과 후진국의 장점을 동시에 가지고 있는 셈이다. 그래서 알루미늄 주조가 더 매력적이다.

감: 주조를 선택하면 생산성이 떨어지지는 않나?
박: 이렇게 복잡한 3차원의 형태는 주조 외에는 대안이 없다. 형틀에 주물을 넣고 찍어내는 주강 방식을 이용하면 대량생산도 가능하다. 같은 형태의 비정형 주물품을 수백 개, 수천 개 만드는 경우라면 오히려 생산성이 높다.

양: 시트 공법과 패널 공법은 가공 곡률에 한계가 있다. 또 크기가 벤딩 기계보다 작아야 하기 때문에 규격에도 제한이 있다. 이러한 제한을 벗어나는 형태라면 주물이 최적이다.

감: 많은 건축가가 주조로 외장용 패널을 만든다고 하면 성형성과 생산성을 고민한다.
양: 건축 외장재처럼 성형성과 생산성을 모두 확보해야 하는 상황에서는 불리하다. 주조는 원형과 주형을 각각 만들어야 하므로 다른 가공에 비해 효율성이 낮다. 프로젝트 초반에 엔지니어링을 고려해야 하는 독특한 구조를 만드는 경우라면 적합하다. 또 양산품보다는 특정한 한 개만 만들 때 사용하면 좋다.

주조는 복잡한 비정형을 정교하게 구현하기에 최적의 가공 방법이다.

감: 알루미늄의 매력은 무엇인가? 건축적 방법 외에 새로이 적용하고 있는 프로젝트가 있다면?

양: 알루미늄 폼은 콘크리트 타설에 사용하는 거푸집으로 활용도가 높다. 철로 된 갱 폼과 비교해 단가는 조금 높지만, 가볍고 마무리가 매끈한 데다가 20회 이상도 쓸 수 있다.

그리고 현재 한강의 환경개선 사업 중 하나로 여의도에서 잠원 지구에 이르는 한강변 몇 부분에 시민 쉼터를 만드는 조형 작업을 하고 있다. 나뭇잎 줄기와 같은 대형 캐노피를 설계 중인데, 표면 자체가 구조로 되어있어 각 부분마다 두께가 다르다. 주물로밖에 구현이 안 될 정도로 복잡하지만, 구조적인 성능은 굉장히 효율적이다.

양수인 (삶것건축사사무소 대표)
살다 죽다 할 때 삶, 이것저것 할 때 것!
삶것건축사사무소는 건축을 기반으로 하는 디자인 회사로, 의뢰인의 삶에 대한 이해를 바탕으로 건물은 물론, 광고, 조형물, 장난감까지 다양한 것을 디자인한다.

자이로이드 트레포일 제작과정

자이로이드 트레포일은 어려운 이름만큼이나 복잡한 과정을 거쳐 제작되었다. 건축가 양수인은 "부드러운 곡면이 얽힌 기하학적인 형태를 만들기 위해 조형물을 17개의 조각으로 나눈 뒤 각각의 틀을 만들어 주조했다"고 말한다.

사진 제공 **삶것건축사사무소**

1 스티로폼 틀 제작 스티로폼을 CNC 재단해서 붙이고, 손으로 다듬어 원형 조형 틀을 만드는 과정. 틀을 만들 때는 계획안보다 두껍게 자른 뒤 표면을 다듬어 주형 제작을 용이하게 했다.

2 펩셋 주형 제작 스티로폼 틀에 철근을 대고, 규사와 경화제 혼합물을 넣어 펩셋 주형을 만드는 과정. 펩셋 주형은 내외부의 경화속도가 비슷해 조형 시간을 단축할 수 있다.

3 도형제 작업 주형을 완성하면 알루미늄이 접하는 면에 도형제를 바른다. 도형제는 주형 표면을 곱게 하고 용융물의 물리적 침투나 화학반응이 일어나는 것을 막는다.

4 경화 두 개의 틀을 접합한 뒤 900℃에서 용융한 알루미늄을 넣고 굳힌다. 각 조각은 상온에서 최소 1시간, 최대 하루에 걸쳐 경화시킨다.

5 용접 및 샌딩 인버터 방식의 알루미늄 전용 아르곤 용접기를 이용해 용접한다. 제품의 고정이 끝나면 샌딩과정을 통해 표면을 매끄럽게 만든다.

6 도장 하도와 중도로 바탕면을 매끄럽게 만든 뒤 광택감 있는 자동차 도장재로 도장한다. 광택과 펄은 각도에 따라 곡면이 다채롭게 보이도록 한다. 색상은 마티즈에 사용하는 블루 사파이어(99U) 색이다.

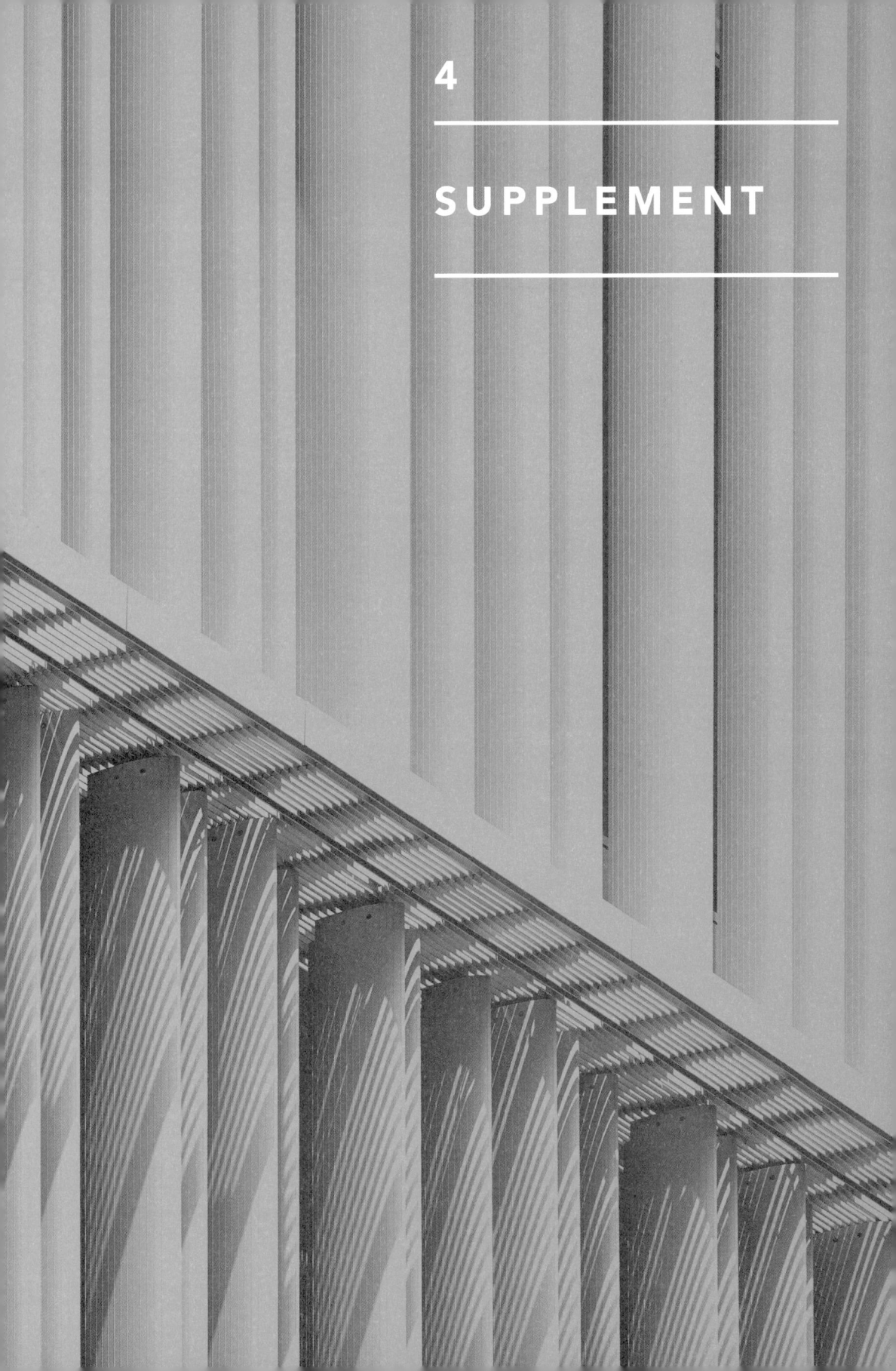

4

SUPPLEMENT

더 가까이에서 만나는 알루미늄

미처 인식하지는 못하지만 우리는 일상에서 다양한 알루미늄을 만난다. 간단히 조립하고 설치해 건물의 표정을 탈바꿈하는 외장재부터 등산, 캠핑 등의 야외 활동을 돕는 가구까지, 소재의 대표 장점인 가벼움과 내구성을 살린 아이템을 만나보자.

헬리녹스 크리에이티브센터

글 정경화

주소	서울특별시 용산구 한남대로 39
운영시간	매일 오전 11시~오후 9시
연락처	02-797-2662
홈페이지	www.helinoxstore.co.kr

헬리녹스는 알루미늄 폴과 원단을 조합해 캠핑 가구를 만든다. 한남동에 위치한 직영 쇼룸 겸 매장, 헬리녹스 크리에이티브센터(HCC)에서는 의자와 테이블, 텐트 등 브랜드의 전 제품을 한자리에서 만날 수 있다.

이곳의 캠핑 가구는 알루미늄의 튼튼한 물성에 패브릭의 다채로운 디자인을 더해 편안함과 아름다움을 갖췄다. 또한 관계 회사인 동아알루미늄(DAC)에서 오랫동안 알루미늄을 연구한 끝에 구현한 경량성은 캠핑 가구로서의 활용도를 높인다. 제품 대부분은 무게가 4kg이 채 되지 않아 누구나 쉽게 사용할 수 있고, 텐트처럼 접어 보관하는 구조로 제작해 휴대가 간편하다.

제품은 콘셉트에 따라 아웃도어와 택티컬, 홈 라인으로 나뉜다. 헬리녹스를 대표하는 **아웃도어 라인**은 간편한 야외 활동에 초점을 맞춰 메시처럼 가벼운 원단을 사용하고, **택티컬 라인**은 두꺼운 원단을 사용해 내구성을 강조한다. **홈 라인**은 면과 비슷한 느낌의 부드러운 폴리에스터 원단으로 제작해 집에 있는 듯한 편안함을 살렸다.

5층 규모의 쇼룸은 층마다 다른 콘셉트로 제품을 전시한다. 가장 먼저 만나는 1층 공간은 새로운 제품을 선보이는 장소로 여러 행사가 함께 이루어진다. 지하 1층에는 아웃도어 라인을, 2층에는 홈 라인과 택티컬 라인을 전시해 용도에 맞춰 빠르게 원하는 제품을 찾을 수 있다. 4층에는 캠핑 소품을 판매하는 편집숍(HCC+)을 함께 운영해 좀 더 편리한 캠핑 준비를 돕는다.

헬리녹스 서성호 매니저는 "초반에는 30~50대의 남성 캠핑 고객이 대부분이었으나, 최근에는 초보자부터 마니아까지 스펙트럼이 넓어졌다"며, "캠핑 외에 인테리어에 쓸 제품을 구입하고자 이곳을 찾기도 한다"고 말한다. 쇼룸에서는 의자 패브릭에 원하는 글자를 새겨주는 자수 서비스와 간단한 부품을 교체하는 A/S 서비스를 함께 제공한다.

DIY를 위한 타일형 알루미늄 패널

글 **심영규**

홈페이지　www.kimbeomkwan.com

알루미늄 패널은 설치 방법이 비교적 간단하지만 크기가 크고 별도의 시공 장비가 필요해 일반인이 직접 시공하기는 어렵다. 디자인도 제한적이다. 타일은 이와 반대로 디자인이 다양하지만, 탈락과 같은 내구성 문제가 발생하고 설치가 어려워 시공 인건비가 많이 든다.

　이에 울산대학교 김범관 교수는 알루미늄 패널과 타일의 단점을 극복한 재료를 개발했다. '영속적인 황금 잎'이라 불리는 기능성 DIY 건축 내외장 마감재가 그것이다. 이 자재는 표면이 평평한 일반적인 타일과 달리 입체적이다. 210×260mm 내외의 규격으로 비전문가도 쉽게 설치가 가능하고, 아노다이징 방식(p.116 참고)을 활용해 다양한 색상을 구현할 수 있다.

　그는 '울산 스페이스 오드삼동' 프로젝트에서 1,484개의 패널을 220가지의 서로 다른 형태로 제작해 기존 건물의 외벽을 마감했다. 아키노믹스의 신승찬 대표가 자재를 제작하고, 외주 업체에서 아노다이징 가공해 색을 입혔다. 이렇게 자재를 완성하기까지 걸린 시간은 고작 14일. 설치는 10시간 만에 끝났다. 신승찬 대표는 "자동차 부품 생산 공장을 운영하다가 건축 외장패널을 제작하게 됐다"며 "건축 외장재는 징크, 벽돌, 미장 등으로 한정돼 있어 개발이 필요하다"고 말한다.

　김범관 교수는 최근 '벼 모양 패널'을 개발해 상업건물 신축 프로젝트에 적용하기도 했다. 건물의 네 입면을 감싼 흰색 계열의 패널은 직사광선에 의한 변색이 적어 본래의 모습을 오랫동안 유지한다.

　이 패널은 리모델링이 필요한 낡은 건물에 적합하다. 단열과 방수를 추가로 처리해 기존의 시스템을 보완한 다음 외장재를 설치하면, 건물의 품질과 디자인을 함께 높일 수 있다. 그는 "패널의 두께는 13mm로 내부에 단열재를 추가할 수 있고, 내화성을 높이기 위해 소화 분말을 넣는 것도 연구 중"이라 설명한다.

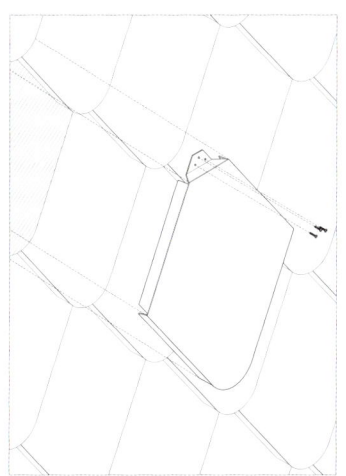

알루미늄 가공업체 정보

코일 형태의 알루미늄은 재단, 절곡, 표면처리 등 여러 단계를 거쳐야 비로소 건축에 적용할 수 있는 모습을 갖춘다. 부록에서는 알루미늄의 가공을 크게 재단, 표면마감, 주조로 분류하고, 가공을 의뢰할 수 있는 업체 28곳을 소개한다.

재단

❶ 광전레이저

가공 방식	레이저 커팅, 워터젯 가공
홈페이지	www.kjlaser.co.kr
주소	서울특별시 금천구 시흥대로 47
연락처	02-896-0777

❷ 대성레이저센터

가공 방식	레이저 커팅
홈페이지	www.daesunglaser.co.kr
주소	경기도 화성시 양감면 서해로 44
연락처	031-353-5200

❸ 와이메탈

가공 방식	레이저 커팅, 도장, 절곡
홈페이지	www.ymetal.net
주소	인천광역시 남동구 청능대로448번길 74
연락처	032-811-1122

❹ 이레이저

가공 방식	레이저 커팅
홈페이지	www.e-laser.co.kr
주소	경기도 광주시 곤지안읍 새재길243-49
연락처	031-321-7157

❺ 대구워터젯

가공 방식	워터젯
홈페이지	www.dgwaterjet.co.kr
주소	대구광역시 달서구 성서공단로 140
연락처	053-592-7722

❻ 모아커팅테크날리지

가공 방식	워터젯
홈페이지	www.morecut.modoo.at
주소	대구광역시 달서구 성서공단로236
연락처	010-4181-1009

❼ 제일금속

가공 방식	워터젯
홈페이지	www.jeilmetal.kr
주소	경상남도 창원시 의창구 차룡로 14번길 43
연락처	055-238-9901

❽ 삼우나노텍

가공 방식	CNC 가공
홈페이지	www.sntsnt.co.kr
주소	경기도 부천시 옥산로 220번길 26
연락처	032-684-2058

❾ 정진메탈

가공 방식	CNC 가공, 재단
홈페이지	www.jjmetal.co.kr
주소	경기도 화성시 마도면 마도로660번길 68-4
연락처	031-358-6033

❿ ㈜범우(제일금속)

가공 방식	NCT 타공, 절단, 절곡
홈페이지	www.jeilsteel.com
주소	강원도 원주시 소초면 평장두둑1길 41
연락처	033-731-7881

표면마감

❶ 거양아노다이징

가공 방식	아노다이징
홈페이지	-
주소	-
연락처	053-341-4567

❷ 동진산업

가공 방식	아노다이징
홈페이지	www.dongjinano.com
주소	부산광역시 강서구 녹산산단261로 47
연락처	051-831-2302

❸ ㈜설산

가공 방식	아노다이징
홈페이지	www.serlsan.co.kr
주소	경기도 안산시 단원구 번영1로 92
연락처	031-433-1254

❹ 삼원알텍

가공 방식	아노다이징
홈페이지	www.samwonaltech.co.kr
주소	인천광역시 남동구 청능대로 410번길 112
연락처	032-812-6281

❺ 주식회사 아인스

가공 방식	아노다이징
홈페이지	www.eins21.com
주소	경기도 화성시 동탄산단7길 98-7, A동 3층
연락처	031-378-0868

❻ ㈜에스엔디 이엔지

가공 방식	아노다이징
홈페이지	www.sndeng.net
주소	경기도 시흥시 엠티브이북로 193번길 8
연락처	031-403-9675

❼ HM알텍

가공 방식	아노다이징
홈페이지	-
주소	대구광역시 달서구 성서공단북로43길 28
연락처	010-2502-9050

❽ 제이에스테크

가공 방식	표면처리
홈페이지	www.jst21.com
주소	경기도 시흥시 마유로132번길 116
연락처	031-433-8451

❾ 코텍

가공 방식	표면처리
홈페이지	www.cotec.co.kr
주소	경상남도 사천시 사남면 공단5로 25
연락처	055-852-9695

주조

❶ ㈜현대합금

가공 방식	주조
홈페이지	www.hdmetals.co.kr
주소	경기도 시흥시 범말길 20-4
연락처	031-319-7617~8

❷ 대성ENG

가공 방식	주조
홈페이지	www.dsnm.co.kr
주소	경기도 평택시 청북면 청북중앙로 459-31
연락처	031-682-3984~5

❸ 제이엠캐스트

가공 방식	주조
홈페이지	www.cafe.daum.net/JM-CAST
주소	경기도 시흥시 시청로 68번길 30
연락처	031-318-8462

❹ 태광주물금속

가공 방식	주조
홈페이지	www.jumul114.co.kr
주소	경기도 김포시 대곶면 쇄암로 55
연락처	031-987-5845

❺ 한독금속

가공 방식	주조, 단조
홈페이지	www.alforge.com
주소	부산광역시 사하구 비봉로21번길 15
연락처	051-206-1968

❻ 한일특수eng

가공 방식	주조
홈페이지	www.한일특수이엔지.com
주소	경기도 시흥시 금오로154번길 17
연락처	031-315-7681

❼ 현대아트

가공 방식	주조
홈페이지	-
주소	경기도 김포시 하성면 원하로 672번길 3
연락처	031-984-9339

❽ 신영유니크

가공 방식	주조, 단조
홈페이지	www.syu.co.kr
주소	충청남도 아산시 아산호로1082번길 16-17
연락처	041-533-8500

❾ ㈜덕윤다이케스팅

가공 방식	다이캐스팅
홈페이지	dukyundc.com
주소	경기도 화성시 장안면 수촌길 120-59
연락처	031-353-3578

참고자료

단행본
- 조준현, 조민석.『건축재료학』. 기문당, 2017.
- 이진희, 최병학.『알루미늄』. 도서출판 명진, 2016.
- 루이트가르트 마샬.『알루미늄의 역사』. 최성욱(역). 자연과생태, 2011.

논문
- 양문성모.「금속의 양극산화처리 기술」.『한국표면공학회지』, 2018, 1(51), pp.1-10.
- 정도현, 정재필.「알루미늄 합금과 그 접합 방법」.『마이크로전자 및 패키징학회지』 2018, 06(25), pp.9-17.
- 오병인.「황산전해액을 이용한 알루미늄 양극산화 피막의 특성 연구」. 인하대학교 대학원 공학석사학위논문, 2016. 8.

웹사이트
- 노벨리스 www.novelis.com
- 동아알루미늄 www.dacpole.com
- 메가패널 www.megapanel.co.kr
- 서울디자인재단 www.seouldesign.or.kr
- 아키데이타 www.archidata.co.kr
- 알루퍼스 www.alufus.com
- 유창 www.yoochang.com
- 위드웍스 www.withworks.kr
- 헬리녹스 www.helinoxstore.co.kr